V2643. (Le texte est 8° V2643.)
+A.2.   +A.1.

41

DU PRINCIPE SECRET

DES

ARTISTES ANTIQUES

POUR

LA POSE, LES ATTITUDES, LE DRAPER

ET

LE GROUPER DES FIGURES

THÉORIE GÉOMÉTRIQUE

appuyée sur plus de huit cents monuments antiques et démontrée dans une suite de planches annotées

PAR M. L'ABBÉ COMTE DE ROBIANO

Atlas

BRUXELLES

WOUTERS FRÈRES, IMPRIMEURS-LIBRAIRES

8, rue d'Assaut

1846

EXPLICATION RAISONNÉE

DES

PLANCHES

PLANCHE PREMIÈRE.

FIGURE PREMIÈRE ET SECONDE.

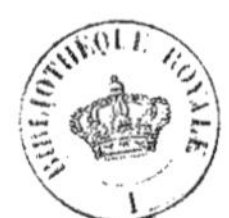

L'Hercule Farnèse, et la Vénus de Médicis (dessin d'Audran).

Le maximum de la force virile idéalisé, mis en regard de la personnification de la délicatesse féminine la plus exagérée , nous montre dans cette planche, la rigoureuse exactitude des statuaires antiques, et *l'unicité*, que l'on me passe ce terme, l'unicité de leur type de proportions.

Rien de différent ici entre ces deux extrèmes, tant éloignés soient-ils ! Aussi est-ce avec intention, le lecteur l'a déjà deviné, que j'oppose ces types si contrastants, et, toutefois, si parfaitement similaires, sous ce rapport de mesure commune.

Ainsi vous voyez de part et d'autre, chaque figure, comprise dans un angle de 70 degrés, se diviser exactement par les lignes angulaires, de cinq en cinq degrés. Toutes les régions du corps, s'y trouvent indiquées avec une précision vraiment mathématique.

PLANCHE II.

La même Vénus de Médicis , mais en face, et l'Apollon du Belvedère (également calqués sur Audran).

FIGURE I.

La Venus montre ici dans les deux moitiés de son corps, le rapport intime entre les angles démontrés dans la planche précédente, et le système des cercles tracés sur la longueur du pied ou sa diagonale, prises pour rayon. Les coïncidences, comme on voit, son frappantes ; malgré une distraction du graveur, qui a renfermé la figure dans un angle de 90 degrés au lieu de 70.

J'ai laissé subsister cette étourderie, pour faire voir combien, malgré l'inégale division de la figure, ces proportions se retrouvaient toujours dans un cadre rigoureusement géométrique. Cette inexactitude de l'artiste a fait cependant souffrir la coïncidence des lignes tracées, avec les régions principales du corps ; le lecteur le remarquera particulièrement, à partir des genoux à l'ombilic de la déesse.

L'Apollon (fig. 2) est exclusivement examiné ici sur les cercles précités; on y remarque deux choses frappantes, et que je dois signaler : le haussement du nombril, et les coïncidences des cercles avec le soubassement de la statue; les membres et les détails du tronc d'arbre, contre lequel la statue est appuyée; ainsi que l'œil et les replis du python qui l'enveloppe. Nous verrons plus bas, ces coïncidences être tout à fait classiques, chez les statuaires anciens.

Quant à l'allongement du thorax du Dieu, les dessinateurs l'ont signalé depuis longtemps; ils l'attribuent à l'exigence de la perspective , ce qui me parait le plus vrai , ou à la pensée de donner quelque chose de surhumain à ces divines figures, ce qui ne me semble pas très-bien imaginé : cette idée ne trouvant pas de confirmation, dans tout le reste des infinis monuments de l'antiquité. Tandis que le racourci, résultat d'une position élévée et vue d'en bas, explique, ce semble, heureusement l'intention de l'artiste, jaloux de faire paraître imposante une figure isolée dans l'air lumineux et éblouissant des pays méridionaux.

PLANCHE III.

Vous remarquez au centre (fig. 2) cet Égyptien, dont les membres autant que le léger vétement, obéissent avec la même précision aux cercles enlacés, que les types grecs et romains. C'est-à-dire, que *la race* ne comptait pour rien, dans la loi si générale des proportions grecques.

Les médaillons 1, 3, 4, 5 sont des pierres gravées antiques : j'ai pris dans chacune de ces figures solitaires ou groupées, des points très-divers, pour construire le réseau de mes cercles. Ces variantes dans l'opération, en rendent l'évidence irréfragable. Ainsi :

FIGURE II.

Le diamètre est pris de la *distance de deux doigts indicateurs ;* et cependant le système des cercles, tant peu complet soit-il, jalonne la position des pieds, de l'œil, des seins, de l'oreille et des genoux : voire même la courbure du corps, du tronc, ou rocher qui le soutient, etc.

FIGURE III.

Le diamètre d'élection ici, est la *distance des orteils :* les cercles recteurs n'évitent pas davantage la rencontre précise des membres principaux ; ni même les plis et contours des draperies.

FIGURE IV.

Femme, enfant, animal, autel. Le diamètre choisi est *le manche du flambeau de l'enfant ;* et cependant cette mesure si arbitrairement normale, ce semble, n'en détermine pas moins, avec une précision tout aussi rigoureuse, la clavicule, les seins, le pubis, les genoux, les pieds de la figure principale ; les genoux, les ailes, la bouche et jusques à la flamme de flambeau de l'amour; l'œil de l'animal, la guirlande de l'autel : et *deux* rosaces des cercles, sur *onze,* n'y sont pas complétées !...

FIGURE V.

Voici *une jeune femme* et *un jeune enfant*. J'ai pris pour diamètre d'essai, les points chevelus de ces êtres fantastiques, et, dit-on, par fois naturels; et cependant, flexions des corps, points principaux des membres, amphore, et direction générale des groupes, ces cercles si hasardés, les décrivent avec une toute désirable précision.

PLANCHE IV.

Voici un choix de natures les plus diverses : athlètes et sacrificateurs, faunes et satyres, génies , femmes, enfants, animaux; tout subit dans l'antique , la même loi : tout s'y prête avec grâce et dignité : laquelle au fond n'est autre chose que la grâce du sublime.

FIGURE I.
(Diamètre d'élection : la *distance des genoux*.)

Ce discobole, malgré sa pose et son attitude très-*divariquées*, est rigoureusement tracé sur le réseau , si fantastiquement choisi, en apparence. On y remarque l'extrème exactitude des pierres gravées, en particulier : bien que grossie considérablement, comme l'indique *le module* , dont les dessinateurs les ont accompagnés : ces dessins n'en montrent pas moins une précision, qui ne laisse rien à désirer à l'artiste; rien à reprendre aux envieux.

FIGURE II.
(*Longueur de la jambe*, diamètre d'élection.)

Vous remarquerez de suite, je pense, que jusques au fer de la hache sacrée, suit le contour du cercle normal ; dont les rigoureuses évolutions, vont traverser les points principaux du corps du sacrificateur et de sa victime; limitant jusques au bord de la bande qui orne celle-ci, l'extrémité du manche et des angles de la hache, du vêtement et de la ceinture, aussi bien que les replis de l'une et de l'autre ; pour marquer encore le sommet de la couronne de ce prêtre sanglant.

FIGURE III.
(*De l'ombilic du faune, à celui de l'enfant*, diamètre d'élection.)

Regardez ! — sans oublier la pierre ; ni les deux arcs de cercle, qui donnent la courbure du corps entier de l'enfant.

FIGURE IV.
Trois natures. (Diamètre d'élection : *de la bouche de l'enfant , à son ombilic.*)

. . . . ————————

Remarquez en outre les ailes du génie, les cornes du satyre , ses touffes de poil, et les extrémités de la peau qui le couvre.

L'antiquaire , éditeur, les nomme Vénus, Cupidon, un satyre. Les deux dernières figures nous montrent chacun de ces enfants, exhaussés à dessein, et de manière à ce que leurs petits corps s'harmonisent géométriquement avec les membres des personnes adultes, groupées avec eux. — Sans ce relief, les coïncidences des cercles n'avaient plus lieu ! Ces exemples, du reste, sont fréquents dans l'antique.

FIGURE V.

Cette gracieuse figure de nymphe (Hippodamie peut-être, *dompteuse de chevaux*; Cérès, et Neptune métamorphosé en cheval, selon l'éditeur original) ne semble-t-elle pas allonger le pouce , les index et l'auriculaire uniquement, pour atteindre aux cercles régulateurs de ce joli groupe ?

Le diamètre d'élection est pris, comme on voit, *du sein droit de la déesse, à son pouce gauche.*

Voyez donc encore cette tête de cheval busquée, comme et selon le cercle normal ! et le corps entier de la nymphe ! et l'arrière-main du coursier ! etc...

FIGURE VI.

L'éditeur anonyme de la collection des pierres gravées (seconde partie, page 20, § XXIII) « n'oserait assurer, dit-il, qu'elle fut antique. » Il ne motive pas son doute; il y a plus : aussi bien, je crois, que le lecteur, il trouve cette pierre *très-jolie.*

Pour moi, je n'ai nul droit d'avoir un avis là dessus et principalement, en contradiction avec un savant *spécial*, comme on dit aujourd'hui. Seulement je remarquerai que DANS NUL OEUVRE MODERNE *de l'art*, ON NE RENCONTRE UNE PRÉCISION APPROCHANT DE CELLE-CI.

Je suis parti, comme diamètre d'élection, *du nez du joli génie à celui de sauvage monture.* Voyez comme jusques le manche de son fouet enfantin et les ondes de sa lanière, sont déterminés par les cercles recteurs ! Le reste, sa jambe surtout, et le corps de son petit ami, ses doigts allongés, sont trop parlants, pour en faire remarquer la *géométricité.*

Voulez-vous vous amuser ? voyez si la courbure entière du corps de l'ours, depuis sa machoire inférieure, jusques à l'extrémité du tronc, n'est pas précisément un demi des cercles recteurs du groupe !...

PLANCHE V.

La *Venus Callipyge*, ou comme Audran l'appelle, la *Bergère grecque.*

Draperies , attitude et détails du nud , vu en os (diamètre choisi : *la longueur de la cuisse*).

Voyez la draperie pendante ! suit-elle bien les intersections des cercles? et la courbure de ce beau bras gauche! et la ceinture donc ! et l'épine dorsale, et cette épaulière, si non-chalamment tombée, ce semble !

L'extrémité de la tunique retroussée, répond évidemment à l'ombilic, aussi bien que la triple intersection des cercles directeurs : — Le cou, la naissance des cheveux, la direction du pied droit de la figure, et enfin, le bas de son socle, ainsi déterminés, laissent-ils rien à la critique ?

PLANCHE VI.

La *Vénus d'Arles.*

Diamètres d'élection : *la longueur des soubassements* (1ʳᵉ marche, *lignes pointées* ; 2ᵐᵉ *lignes et points*).

Le compas ouvert successivement à chacune de ces longueurs, et porté à leurs angles respectifs, rencontre dans ses évolutions circulaires, les genoux, le pubis, les seins de la figure. Il traverse le centre de la pomme, dessine l'extrémité de la manche gauche, haut et bas ; le bout flottant de la droite du pallium, et ses plis principaux ; il indique les poignets, et marche parallèle au gracieux contour du bras droit.

La vérité m'oblige de dire que j'ai choisi à dessein le système le plus ingrat parmi les réseaux à suivre : le choix n'en rend la théorie que plus évidente.

J'aurais pu, comme partout ailleurs, multiplier ces cercles, c'est-à-dire ces démonstrations : je ne l'ai pas fait ; je veux prouver, et non écraser ; démontrer une figure, et non pas la rendre insaisissable, invisible, sous un grimoire pédantesquement chargé d'arides lignes : que l'œil ne saurait suivre sans fatigue, sans laisser échapper l'évidence.

PLANCHE VII.

Draperies, Armures, Accessoires, Poses.

FIGURE I.

Le cercle choisi pour point de départ, et régulateur, appartient au *contour supérieur de la draperie*, fesant fond à la figure.

Je n'ai rien à ajouter. — Vous avez des yeux : seulement, peut-être, dans vos premières études, ne verriez-vous pas d'abord l'olive de cet espèce de *cippe* ou *meta*, borne de la course aux jeux gymnastiques, auquel ce vainqueur *lauréat* s'appuie ; ainsi que la base de son fût.

FIGURE II.

Dans ce dessin de notre bon André Lens, je suis parti *de la racine du nez*, au bas de la *tête de Méduse* ; au haut de la cuirasse. Ce diamètre d'élection se trouve être égal à la *longueur de la jambe* du guerrier ; et en effet, rencontre, de part et d'autre, tous ses détails et accessoires ; avec une surprenante, mais classique fidélité.

Il en faut dire autant, de tout le reste de sa riche armure, et de l'attitude de ce Pyrrhus.

Je prie le lecteur de me dispenser de procéder, le compas à la main, et de point en point aux ornements, détails, angles et plis de ces deux vêtements si différents ; des animaux encore, figurés sur la riche armure du roi d'Epire ; voire même à l'anse de son bouclier ou la pierre où il il l'appuie. Encore une fois, il voit clair : et c'est assez.

Mais ce que les cercles ici tracés, ne lui disent pas c'est que, il trouvera des *distances égales* (côté gauche de la statue) :

> De l'épaule au bas de la manche,
> De celui-ci au plis de la draperie vers le coude,
> De ce pli au bout de l'index sur le bouclier,
> De là au haut du *jambard* de la cuirasse,
> De là à son attache sous le mollet (côté droit) :
> Du dessous du bras successivement aux *trois plis* de la chlamyde,
> De cette extrémité au cercle limitant les ornements du jambard,
> De ces ornements à la sandale,

Il remarquera que ces dix égalités sont la distance exacte des deux mamelons du guerrier et, sauf quelque inexactitude du calque, la moitié du *diamètre d'élection*.

FIGURE III.

> *La Vestale Tunia portant* (en preuve de sa virginité) *de l'eau dans un crible.*
> (Diamètre d'élection : *les pans les plus éloignés de son écharpe.*)

Les intersections de ce peu de cercles n'ont pas besoin de commentaire.

FIGURE IV.

Un de mes premiers essais sur le soubassement des statues antiques, comme lié au système de la figure elle-même, avec et par ses propres proportions.

Demi-diamètre choisi : *la longueur du soubassement.*

Les genoux, le poignet droit, les hanches, la *fibula* gauche, le pouce du même côté, et la bouche, sont rencontrés tout d'abord ; ainsi que le pli du *pallium* au coude gauche, et à la hanche droite.

Les cercles (diamètre : *de l'ombilic à la bouche*) viennent merveilleusement en aide à leurs congénères de plus grand diamètre. Voyez les doigts étendus de cette main droite ! les grands plis du *pallium*, celui de la tunique sur les seins ; les flots de celle-ci sur le bras droit ; les pieds ; l'angle du socle, déjà donné, ainsi que la bouche !

Joignez encore par une droite, les points d'intersection de ces cercles pointés vers la taille : eh ! ne voyez-vous pas que c'est la ceinture de cette belle statue, que vous dessinez ?

FIGURE V.

Cette charmante jeune femme due au crayon de Lens, n'offrait dans son attitude et sa pose, aucun des grands points de la figure bien saisissables, à travers son chaud vêtement : j'ai pris la *distance de la clavicule*, à la naissance des cheveux, pour en tracer mes cercles ; et voyez comme j'ai réussi ! jusques au dernier bouton de ces élégantes manches, le pouce, l'index, l'angle et les pieds de son siège, les courroies de sa sandale et son extrémité, le gland de son manteau ; tout le bras gauche, jusques au petit doigt et l'annulaire ; sans parler des plis principaux de sa noble draperie ! Rien qui ne rentre pas dans ce magique réseau.

PLANCHE VII.

FIGURE VI.

Ici le rayon du cercle a été pris, *de la clavicule, à l'ombilic.*

On remarquera comment la main droite, le vase sous la gauche, l'angle intérieur du fût de l'autel, le poignet gauche et les deux saignées des bras, y sont exactement déterminés par cette suite de cercles : à part la bouche, l'œil, le creux de l'estomac (nœud de la ceinture, et son extrémité), le pubis et les pieds.

Le haut de la tunique, les plis principaux du pallium, et l'arête du soubassement, présentent la même exactitude.

PLANCHE VIII.

Voici une réunion de figures, extrêmes dans leurs attitudes, et cependant !

FIGURE I.

(Cercle directeur, rayon : *du pubis à la mamelle droite*). Voyez comme cet index s'allonge à la rencontre du croisement des cercles ! et les autres doigts de cette main, comme ils s'étendent le long de sa circonférence ! Cependant, la clavicule, le menton, l'œil, le genou, le talon droit, n'y sont pas oubliés.

La main droite va également au devant de ce cercle, qui dessine si bien la cuisse de la belle baigneuse.

Remarquez que dans ce bijou, comme dans beaucoup d'autres, les deux contours de la pierre elle-même sont indiqués par des intersections multiples et bien précises.

FIGURE II.

A cette attitude voluptueuse et ondulée, faisons succéder une pose toute d'efforts et de raideur. Thésée, ce rival d'Hercule, soulève avec effort, la roche sous laquelle étaient cachés les marques de sa naissance : selon l'explication des savants éditeurs du cabinet de pierres gravées et médailles, du Régent, bisaïeul de Louis-Philippe.

J'ai pris encore une fois deux points, que nos artistes modernes estimeraient bien probablement, d'une insignifiance et d'un arbitraire des plus grands. Eh bien ! il n'en est rien : évidemment rien.

Les cercles partant de ces deux glands, extrémités du manteau flottant, de l'amant infidèle d'Ariade, vont, malgré leur multiplicité, arrêter les points de la clavicule, de l'œil, des genoux, du talon ; après avoir savamment caressé les grands plis de la draperie, dessiné les mains, indiqué les accidents de la pierre, fixé les sandales, et l'extrémité du sceptre. — Où est le fortuit ?

FIGURE III.

Un gladiateur, peut-être Diomède allant enlever *le palladium*, et dont on a (renversé de gauche à droite), dit l'éditeur original (t. I, pag 57), un dessein semblable, gravé par Solon.

Rien ne caractérisant autrement le personnage, j'oserai ajouter aussi, pour embrouiller encore un peu ces conjectures : un *danseur de la Pyrrhique*; l'absence de bouclier, mais surtout ce pied, évidemment *sautant pour sauter*; autorisent mon ignare version. Je consens toutefois volontiers, à ne point prendre de brevet de perfectionnement, pour cette version importante ; à condition cependant, que le lecteur voudra bien observer, que.

J'ai pris le départ de mes cercles *des deux talons ;*

Que

> La direction des pieds,
> Celle de l'épine dorsale,
> La courbure même du sabre suivent exactement les arcs de ces mêmes cercles.

Que

> L'œil,
> La clavicule,
> L'occiput,
> Les genoux,
> La main,
> Et encore une fois les Cadres de la pierre, obéissent sans résistance, ni gêne, à la même loi.

FIGURE IV.

Cercles :
| *du pubis à l'ombilic.*
| *de l'ombilic au sein.*

Dans ces deux belles statues du Musée Borgia à Rome, l'allongement des doigts, pour aller rencontrer nos circonférences normales, est des plus saillants.

Il faut en dire autant des accidents des troncs qui soutiennent ces beaux jeunes gens.

Et cependant ce sont des pieds-droits, bien plutot que des accessoires ; des étançons, plutot que de parties de la figure ! Mais telle était la délicate sévérité, telle l'unité rigoureuse des artistes antiques!

Denique sit quodvis simplex, dumtaxat et unum,
(*Horat. Art. Poët.*)

FIGURE V.

Vénus accroupie.

(*De la racine du nez à l'index gauche :* cercle directeur.)

Malgré la grâce extrême de cette figure , et en même temps, malgré son extrême contorsion, elle n'en est pas moins géométrique; et son socle non plus.

Oreille, chevelure, doits, mamelle , pubis, genoux , orteils , tout est placé. Cinq points du socle sont arrêtés ; le contour du dos et de la jambe droite en entier, sont des arcs de nos cercles; c'est de l'évidence : ou il faut y renoncer.

Nous reviendrons sur ces figures.

PLANCHE IX.

Nous voilà parvenus à l'*unité d'angles* , si exactement observée par les artistes antiques.

Je ne puis ici donner les exemples que j'aurais désiré ; les raccourcis, rendant différents sur le papier, des angles égaux dans le relief, et réciproquement : ainsi qu'il est connu de tous ceux qui ont pris quelque teinture de perspective. Les médailles, à la vérité, les bas-reliefs, ainsi que les pierres gravées, pouvaient bien m'en fournir d'excellents modèles (car nous n'avons pas assez de *peintures* antiques, proprement dites) : mais je cherche à varier mes exemples, pour donner plus d'évidence à mes preuves ; d'ailleurs j'eusse préféré ne donner que des chefs-d'œuvre, pour types de mes démonstrations.

Il faut convenir cependant que le dessin d'une sculpture bien coordonnée, doit, et cela devient encore une fois sensible au dessinateur de perspective ; il faut convenir, disons-nous, que le dessin doit donner communément une *identité d'angles*, ainsi qu'on la remarque dans les originaux antiques ; et je me suis prévalu de cette observation : mais il est également vrai, que cet *angle plan* diffère souvent de l'*angle solide* (comme s'expriment les géomètres) : bien que cette différence n'attaque point l'exactitude de mes assertions ; au contraire, peut-être en démontre-t-elle mieux la profonde vérité.

Quoiqu'il en soit, voici quatre exemples suffisamment gracieux et brillants, de cette *unité de mesure*, si admirablement aussi brillante et gracieuse, si étonnamment suivie par toute l'antiquité.

FIGURE I.

Ce noble et beau jeune homme, un Bacchus, je pense, du Musée Borgia, nous offre dans la simplicité de sa pose, et de ses lignes directrices, pas moins de *sept angles*, toujours les mêmes.

Le lecteur remarquera que les *directrices* de ces membres et les axes des mouvements, partent des régions principales de la statue (ainsi que les cercles déjà démontrés), et rencontrent avec le même bonheur, les points même les plus accessoires de ce beau dessin ; par exemple, l'extrémité de la grappe de raisins et l'anse de la coupe, l'index de la main gauche et le grand orteil du pied droit. L'angle, comme l'annonce la fig. I, est de 72 degrés, et par conséquent son accessoire (*complément* en géométrie), de 18 degrés : ce qui, encore une fois, les géomètres le savent dès leurs premiers pas dans la science, peut offrir des angles de 108 et 162 degrés (72 + 90, 18 + 90) l'angle droit (90°) ne comptant pas en trigonométrie, non plus qu'en dessin : puisqu'ici la perpendiculaire est nécessairement *repos*, tout comme en mécanique.

Les dessinateurs qui ne sont pas familiarisés avec les premières notions de la géométrie (si toutefois l'on peut appeler *dessinateurs* de pareils ignorants), et les gens du monde, feront bien de ne point perdre de vue cette *addition des angles de complément*, dans les arts plastiques.

FIGURE II.

La même *Vénus accroupie* que dans la VIIIe Planche.

Bien que ce soit un problème de géométrie graphique qu'offre cette répétition , plutôt qu'une démonstration de dessin , toutefois les choses marchent dans cette singulière découverte tellement du même pas, qu'elles apparaissent absolument inséparables. Et cependant c'est réellement une solution *en lignes droites*, d'un problème déjà résolu *par des circonférences* , mesure des angles formés par ces droites.

Ce chef-d'œuvre nous donne *dix fois* le même angle : sans omettre les divers détails et proportions de son soubassement et de son piédestal tout entiers !

J'indique 97 degrés, pour le grand angle de la figure : mais la statue mesure au relief, 80 degrés seulement ; c'est, je le disais, l'effet du raccourci. Et toutefois ce dessin est admirable d'unité : pourquoi ? parce que si l'original n'était point dans ces conditions perspectives, il n'aurait point non plus ce charme saisissant, dans *tous ses points de vue possibles* ; il n'aurait pas cette *variété de mouvements* si attachante, malgré sa monumentale immobilité.

Les antiques conçurent toutes leurs œuvres *dans une sphère* ; de là, nos, ou plutôt leurs cercles.

FIGURE III.

Ce Faune, repris de la planche IV (fig. 5) et tiré des *Pierres gravées antiques*, n'a guère besoin de commentaire ; je ferai seulement remarquer que le graveur a oublié de hâcher quelques sommets d'angles : comme celui du genou de la figure principale, et de son coccyx ; ce qui rend leur nombre moins sensible (51 et 59 degrés ; par conséquent aussi 141 et 129).

FIGURE IV.

La figure 4 est également reproduite (voir planche VII, fig. 6) ; là j'avais indiqué déjà les *directrices* de sa draperie. Ici les lignes qui touchent les points extrêmes de la statue, l'embrassent comme autant de *tangentes* ; leurs perpendiculaires, celle de l'axe même de la figure, et de l'autel sur lequel elle fait sa libation, donnent les *onze angles* que je me suis borné d'indiquer.

J'avais dans tout ce travail, un écueil presque inévitable à éviter : la confusion des lignes : en cherchant le sans replique de la démonstration. Angles : 74° et 16° ; 164° et 106°.

FIGURE V.

Encore une redite de la même planche (fig. 5 également).

Cette jolie figure, si gracieusement assise, j'en ai démontré le détail en partant de la distance de la *clavicule à la naissance des cheveux*, prise pour rayon des cercles directeurs de la figure toute entière. Ici le *cercle directeur* n'est autre que le pied du siège continué (contour intérieur). Le graveur a également oublié ici d'indiquer nettement cet arc de cercle, en le continuant jusqu'à l'intersection des circonférences, au-dessous du coude gauche de la statue.

Voyez-vous comme cet *accessoire* si insignifiant, ce semble, donne cependant et les doigts et le pied, les yeux, le menton et les oreilles de cette belle figure ? Comme elle circonscrit bien exactement le dessous du siège même, et son pied de devant ? même comme elle place quelques grands plis de son élégant vêtement ? Et certes je n'ai point, ici du moins, prodigué les cercles, pour en pêcher péniblement çà et là, une coïncidence de racroc, comme on dit ! D'ailleurs c'est une seconde démonstration ; et voilà ce qui corrobore si puissamment cette doctrine.

FIGURE VI.

Cette statue analysée par le *socle et sa diagonale*, comme *rayons directeurs*, pl. VII, fig. 4, se remontre ici, avec un rayon tout différent,

2

pour départ des mesures, savoir : *du nœud de la ceinture, au bouton de l'attache surmontant son épaule droite.* L'oreille, la bouche, les mains, la hanche droite tout entière, le coude, le pubis, le genou, le pied, les pans du pallium des deux côtés, ses replis sur les deux bras, n'en sont pas moins exactement précisés, sous cette nouvelle mesure : preuve nouvelle.

PLANCHE X.

Exceptez le Centaure pris au recueil de Perrier, ces trois gracieux bas-reliefs du haut, et ces deux figures plus énergiques du bas de la planche, sont calqués sur les *Pierres gravées antiques,* ouvrage souvent cité.

FIGURE I.

Vénus désarmant l'Amour.

Cercle directeur : *de l'œil du lion à celui du serpent.*

Nous avons , avec ce point de départ si aventuré en apparence : la pointe de la flèche, le doigt étendu de la reine d'Amathus et de Paphos, son beau pied gauche, les flots de sa voltigeante draperie ; outre la bouche et l'ombilic, le genou et le sein de la déesse ; indiqués avec une rare et merveilleuse précision par nos cercles.

N'oubliez-donc pas, je vous prie, le doigt étendu du petit Dieu à la rencontre de son cercle, la pointe de sa petite aile, le repli du dragon qui, par parenthèse, relève Cupidon à une hauteur convenable, pour qu'il atteigne le système entier de ces cercles enlacés, et s'y rattache complètement.

Faut-il vous faire remarquer la queue du serpent, et les branchages ou s'embarrassa le roi des animaux ? comme ils se rangent sous ces cercles vraiment magiques ! et la direction de la jambe gauche du cupidon, si nettement dessinée par eux !

Si cette belle pierre n'était tant grossie par le dessin, j'en ferai une triple analyse : et par angles, et par *directrices,* et par *normales.* L'artiste lecteur y suppléra ; surtout, je pense, après avoir pris inspection des figures 5, pl. III (les grands cercles), 6, pl. VII (les grands cercles également)…, et pl. XVI.

Je pourrais faire pressentir la *position* (ANGULAIRE) *d'attaque* de l'Amour, angle qui embrasse la figure entière de sa mère ; la *résistance mollement* (CIRCULAIRE) *répulsive* de celle-ci, et les flots onduleux de l'écharpe de la déesse, ajoutant au moelleux, au morbidèse de cet aimable jeu.

FIGURE II.

Voilà ces Néréides, ces âges, ces sexes, ces natures d'ordre si différents ; tous régis cependant par ces rigoureuses lois, dans leur désinvolture si pleine de grâces, d'abandon et de facile volupté !

Et la normale tant rigoureuse , quelle est-elle ?…. *la ligne joignant la bouche réelle de la nymphe, avec le rictus horrible de la Méduse* sur son bouclier !…. et puis,… mais regardez !

FIGURE III.

Vénus marine.

Les cercles qui vont gouverner cette délicieuse composition, partent *du talon de l'Amour, à son œil droit.* Je ne vous ferai remarquer que l'indication par les circonférences : du pubis, du genou et de l'ombilic de la déesse, qui ne se voyent pas ; et toute la flexion si gracieuse de sa belle personne : décrivant, mieux, suivant ces cercles, avec une facile rigueur.

FIGURE IV.

Hercule étouffant Anthée.

Rayon directeur ; *la jambe gauche* du demi-dieu.

Nous remarquerons que, outre les étonnantes délimitations des pieds du géant, fils du de la Terre, ainsi que ceux du héros ; l'indication exacte de leurs ombilics par les centres d'intersections de ces cercles : leurs arcs sont exactement les lignes directrices de tous les membres, et des corps entiers, des figures. Voyez donc l'échine de l'hercule ! et sa cuisse droite jusqu'au mollet !

Que si, avec la même ouverture de compas, vous portez l'une de ses pointes sur le cercle, au-dessous de l'épaule droite du vainqueur d'Anthée ; vous verrez en traçant de là, comme centre, un arc vers le haut ; vous verrez, dis-je, que cet arc sera la directrice exacte du mouvement des bras et des épaules du malheureux géant luttant en vain avec la force divine ; vous vous écrierez avec le viel Aceste dans Virgile ,

Cede Deo!

Mais hélas ce ne sera pas de même

et prœlia voce diremit.

FIGURE V.

Le Centaure captif de l'Amour.

Des doigts fermés de l'enfant, à l'extremité de son aile ; Rayon directeur.

Je n'ai rien à ajouter.

FIGURE VI.

Mercure infernal dit l'éditeur des *Pierres antiques gravées ;* ou peut-être (si ce n'est un blasphème de ma part, ignare et profane que je suis) *un géomètre traçant ses cercles sur le sable,* comme ce malheureux et non jamais assez admiré d'Archimède, mourant sous le poignard du barbare soldat romain, en lui reprochant son

Turbâsti circulos !

si digne d'un génie, en ce moment suprême : comme Lavoisier, hélas ! demandant à l'horrible Convention, *trois jours de vie seulement pour parachever une expérience…* que Mongez, son Zoïle, lui fit refuser.

J'ai pris pour rayon la *baguette,* du Dieu des vols ou de la géométrie, tout comme le voudront les érudits antiquaires, dont le bon plaisir, comme on sait, fait et défait les personnages, nomme et retrouve sans conteste possible, les héros ou valets, Dieux ou très-simples mortels, connus et inconnus, vrais ou très-problématiquement allégoriques ; sur *un faire,* un *galbe,* sur un… rien du tout… Révolutionnaires va ! — J'ai donc moi aussi, qui les imite ici en les blâmant (c'est la bonne coutume, comme on sait, mais ce fesant, je ne les pille pas, comme faisaient Voltaire et Rousseau), j'ai pris cette baguette *pour rayon des cercles* ; le reste du dessin ainsi encerclé, peut se passer de moi.

PLANCHE XI.

Admirable œuvre, selon Pline, et personne, je pense ne le contestera à l'encyclopédique romain.

Mon point de départ était : *la distance du menton, au nombril* de Zethus ; ainsi il m'a plû de choisir le nom, pour la figure masculine faisant ici le personnage principal ; et à la preuve, c'est que les anciens, Ovide tout le premier, a dit *Zethus et Calaïs !* et non pas *Calaïs et Zethus*, ce qui, je l'espère bien du moins, ne souffre pas de réplique, de la part d'un savant comme moi.

Ceci nous donne environ *quarante coïncidences* marquantes. Comptez plutôt, si vous pouvez !

Remarquez, pour parler plus sérieusement, remarquez, je vous prie, comme nos cercles dessinent bien le buste de la malheureuse Dircé, sa cuisse droite, et sa robe ; toute la partie droite du corps de Calaïs, ainsi que le mouvement (épaule et tête) de l'indomptable taureau. Dois-je faire remarquer ces morceaux de roche si bien mesurés, et placés, pour faire rentrer les deux figures d'hommes dans ce réseau si sublime à la fois et si géométrique ?... *Opus Egregium !* oui ! certes.

PLANCHE XII.

Comme le maître d'escrime du bourgeois-gentilhomme de Molière, j'ai voulu convaincre l'incrédulité par *raison démonstrative*, et tel est l'objet de cette douzième planche.

On pourrait en effet s'imaginer, pour peu qu'on y mît de bonne volonté, que j'ai choisi dans le millier d'antiques examinés pour mon travail, que j'aurais, dis-je, choisi précisément ces figures qui appuieraient mes dires ; que je les aurais soumises, après bien des tâtonnements infructueux, à tel système de cercles, précisément celui qui favoriserait mes idées ; laissant prudemment de côté les autres modèles, et les autres moyens possibles de les interroger. — Mais ainsi je n'ai point agi.

Dans cette même planche, j'ai traité la même statue, l'Euterpe du Palais Borghèse, par *cinq systèmes différents*, et très-différents, comme le lecteur le moins artiste, s'en appercevra bientôt, à la seule inspection des lettres marquant les *extrémités* du *rayon directeur* choisi pour le moment.

On voit sans peine que j'eusse pu multiplier ces variantes ; mais il eût fallu multiplier aussi proportionnellement les planches, augmenter par tant, le prix de ce petit ouvrage ; et le tout, sans bien grande nécessité, sans utilité réelle.

Voyons donc.

FIGURE I.

Rayon directeur : de la ceinture, à la bouche. (Mesure mi-naturelle, mi-arbitraire).

Les pieds, le rocher où ils s'appuient, les genoux, les pouces et les doigts indicateurs, le pubis, l'ombilic, le sein gauche, les deux saignées des bras, la gemme de la tunique, l'oreille droite, le sommet de la coiffure du même côté, son partage (à gauche), les yeux, le flot de la draperie jusqu'au talon, et ses grands replis à gauche... sont, je pense, convenablement rencontrés.

FIGURE II.

Rayon directeur : de l'un à l'autre pouce. Voilà certes un point de départ, non-seulement bien éloigné, mais encore bien laissé au vague, ce semble, à l'arbitraire ! Eh ! bien, pas du tout. — Examinez plutôt ! D'abord le sommet de la tête, où la *coiffure surajoutée* commence, les yeux, l'oreille droite, le nez et la bouche.

La *gemma*, la ceinture (par *neuf arcs* de cercle), ses extrémités flottantes, l'ombilic, la trompette de la Muse dans toute sa longueur, les genoux, les pieds ; encore les grands plis de la robe, etc. — Mais avançons.

FIGURE III.

Rayon directeur : de l'ombilic, au menton. (Mesure toute naturelle cette fois ; mobile cependant).

Eh bien ?

La coiffure, les oreilles, les yeux, les épaules, la ceinture et la taille, la draperie (sur le bras gauche, trois fois), près du bras droit, les mains, la trompette, le genou droit, les pieds, le bas du pallium à gauche et à droite, — tout, encore une fois, sort de cette troisième épreuve sans gêne et sans tiraillement.

FIGURE IV.

La figure 4 cumule l'arbitraire et le mobile.

Rayon directeur : du petit doigt (droit), *à la* GEMMA (boucle) *de la tunique.*

L'œil, la bouche, les épaules, les seins, le nœud de la ceinture, son extrémité tout entière (creux de l'estomac), la trompette, les mains, toujours le pallium, la fibula du cothurne droit.

FIGURE V.

Enfin figure 5, rayon directeur : *base du rocher.*

Voyez donc ! et notez la clavicule, l'épaule gauche, la ceinture (les seins), le coude gauche, les deux pouces, la trompette, les genoux et les pieds, toujours les pans du pallium, et la courbure de son pan à la droite de la figure, etc.

C'est je crois, une quintuple démonstration, sans réplique.

PLANCHE XIII.

Ici ce sont les groupes d'animaux, seuls, ou avec des figures humaines ; de simples têtes ; des ornements capricieux et des meubles, qui tous et toujours viennent comme jadis aux chants d'Orphée, se ranger sous nos magiques lois.

Voyons cela par parties.

FIGURE I.

Rayon directeur : de *l'œil du coq vainqueur, à celui du petit dieu Lare.*

Vous voyez, n'est-ce pas ? — Moi je compte *dix-sept points* marquants, touchés par nos arcs de cercle...

Je vous ferai observer ici (comme encore ailleurs) que ces cercles limitent encore le contour de la pierre elle-même, et les diverses moulures de son bord. (Voir, par exemple, ci-*fig.* 3; pl. X, fig. 3 et 6; pl. III, fig. 1, 3, 4 et 5; pl. IV, fig. 3, 4, 5 en particulier, et 6; pl. VII, fig. 1 et 5; pl. VIII, fig. 1, 3, etc.)

RIEN, NON RIEN N'EST LAISSÉ A L'ARBITRAIRE, DANS L'ANTIQUE !!!

FIGURE II.

Rayon choisi : *distance des deux* SIBULA.

Le graveur ou moi, nous avons oublié deux arcs de cercle qui, partant des intersections à droite et à gauche de la face, donneraient et donnent exactement la limite du sommet de la chevelure sur le diadème.

Voyez ces belles tresses aux oreilles ! cette base du col, ces seins, ce bas du buste de chaque côté, ces quatre coins du socle, sa corniche, son réglet, son soubassement ! ! Comme tout est fixé, mesuré par ces cercles incroyables ! voyez comme cette distance CD, est la même que notre rayon directeur AB !...

FIGURE III.

Plus extraordinaire peut-être encore, se présente cette figure 3, où la pointe de la couronne de laurier, et jusqu'aux plumes ou rameaux qui plongent dans ce vase, ainsi que ses ornements et ses caractères, se rencontrent aussi bien, que toute cette troisième tête, tout entière, son buste, son épaule; aussi bien que les *cinq encadrements* de cette singulière et belle pierre, sous le trajet du *cercle directeur*, *pris de l'œil des deux têtes les plus voisines* : bien que celle de droite, ne parût ici, qu'*accessoire* et de second plan. Porté en C, le compas dessinerait de nouveau le haut de la couronne de Pertinax et l'autre palme; repassant toujours par le point d'intersection *favori* des six autres cercles ici tracés, et limitant d'autre part, le X du monogramme XP (Χριστος) qui montrerait à lui seul, combien, jusques dans les derniers temps de Rome, les TRADITIONS SECRÈTES DES ÉCOLES ARTISTIQUES s'étaient propagées, conservées, et fidèlement tenues cachées aux profanes. Du reste, le grossissement du dessin et ses *copiements* géminés, permettent de croire que, la coïncidence de ce centre C et de son parallèle (à l'épaule de la jeune tête de droite) indiquent sur le bijou original, le point précis où le vêtement tombe sur l'épaule de ces personnages.

FIGURE IV.

Orphée.

Rayon directeur. : *Du nombril à la mouche qui vole :*

Les bouches de ces animaux, le pied de la lyre, l'essor des ailes de l'insecte volant, les mains, le coudes, les genoux, la cuisse droite du héros tout entière, son pied gauche (deux fois), son oreille, le sommet de la tête, les bois du cerf, le bas de la draperie qui couvre le siége d'Orphée : rentrent avec une grâce particulière, dans le réseau si admirablement classique.

FIGURE V.

Faisons remarquer d'abord un oubli du graveur, et, pour être juste, du correcteur qui n'est autre que moi. Le compas placé au vertex de l'Hercule et porté vers sa massue, déterminerait (*visiblement*) l'extrémité supérieure de la redoutable *badine*, du héros qui n'était pas sergent de ville à Paris : attendu que cette aimable mère Gigogne aux bastilles, n'existait pas encore, et que malheureusement pour je ne sais qui, la race des *badiniers* a considérablement dégénéré depuis l'époque.

Voici encore un Rayon directeur, bien hazardeusement choisi ! *de l'œil* (jadis) *de la peau du lion de Némée*, *à celui* (idem) du défunt *sanglier de Calydon*, si bien me rapporte ma vieille mémoire.

Inutile et superflu, de faire remarquer la délicatesse si précise de ces intersections; par exemple, entre ces boules, *aux yeux de toutes* ces créatures vivantes, inanimées, écorchées, pensantes et mythologiques; comme j'en ferai la remarque-loi, à propos de la figure 7 plus bas.

Si vous m'objectiez ici le second cheval d'Augias, hennissant toutefois très-proprement, dans la direction des deux arcs qui dirigent si bien sa tête : je vous prierais, pour toute justification, de vouloir bien (toujours au *même rayon directeur*, s'entend), porter le compas, de cet œil vers le reste de la pierre; et de me dire, si ce point *hors-loi* n'aurait pas été oublié : tant il encercle exactement, le premier encadrement de la pierre, le pied, le genou et la main, l'ombilic et le sein gauche du Dieu. L'exception confirme la règle; car elle n'était que cela; c'est-à-dire, une contradiction, mais apparente seulement. — Le cadre extérieur au surplus offre trois coïncidences bien précises.

FIGURE VI.

Je donne ici un double exemple du *cercle circonscrit au dessin tout entier, et touchant trois points extrêmes de la composition.*

A part la confirmation la plus générale, et la plus étrange que l'on puisse imaginer, ou désirer, cette méthode a l'avantage d'être applicable dans tous les cas possibles; alors surtout que le dessin, soit par la position des figures, comme dans l'admirable groupe des *lutteurs* (les fils de Niobé), *Castor et Pollux*, de Praxitèle, soit par leur épaisseur, les vêtements dont il les recouvre, comme le magnifique *Uranie* appuyée sur les coude, les *Amazonnes endormies*, n'offrent aucun point principal de la personne, assez remarquable pour en partir, comme centre du réseau à construire.

On prend donc alors trois des points, extrêmes de la composition; on en cherche le centre ; de là on trace le cercle, qui va par conséquent encadrer tout le dessin.

De chacun de ces trois points, on trace d'autres cercles (toujours au même rayon) : *leurs directions et leurs intersections, donnent une foule de points normaux de la composition.*

Ici j'avais pour la première opération, quatre points sûrs ; le lit étant naturellement un quadritatère régulier.

Pour la seconde, c'étaient les deux têtes, et les deux pieds de la jeune femme, qu'enveloppait le *cercle osculateur*, pour me servir de ce terme de géométrie analytique.

Les centres de ces deux cercles ne coïncident pas : le plus grand des deux l'ayant naturellement au point d'intersection des deux diagonales A'B et B'A; le cercle des personnages, le prenant un peu plus haut, précisément au pli du pallium sur la tunique (le pubis du vieillard).

Dans les premiers cercles nous avons :

Partant de B' :

L'œil, le nez de la jeune femme, la droite de son père, et le pain.

Partant de A' :

L'épaule, le coude, l'ombilic du vieillard, la main de sa fille, les genoux de celle-ci, et le pan de son manteau.

Partant de A' :

Le panneau des pieds du lit , l'autre bout du pallium de la femme, le pain ;

Partant de B :

Le panneau du chevet, l'épaule du père, la main et l'assiette de la fille, le pied de leur table.

Figurez-vous à présent, le cercle extérieur parachevé (ce que les limites de la planche m'ont engagé à ne point faire), et portez successivement votre compas, sur sa circonférence; par exemple vers B, où vous voyez l'intersection qui limitait le panneau du chevet :

De cette intersection tracez un arc : il traverse le pain. Là, où il va couper le cercle osculateur (qui encadre toute la composition), au-dessus des deux têtes ; décrivez de nouveau un arc de cercle, il traverse la perle A', touche l'angle de la moulure du bois de lit, le coude de la jeune femme , dessine tout le bras du vieillard :

Suivant ainsi de point en point, nous voilà revenus en A', que nous touchions d'abord. Nous prenons donc le point suivant (vers A) : l'arc touche le pallium à son bord sur la poltrine, le pain , et arrête le pied du milieu de la table, exactement , pour aller s'arrêter sur le cercle extérieur, entre les pieds du lit, et au-dessous de ceux de la jeune fille :

L'arc de cercle partant de ce nouveau point, dessine le haut du pied du lit, le poignet de la fille, la main et la couronne de fleurs du père, et s'arrête au point B, du pied du lit vers le chevet.

Continuant de la sorte, nous trouvons que les deux arcs restant à tracer ; savoir de près de A', et à l'opposé, de près du pied B ; le premier dessine la manche et le coude du père ; la main et la jambe gauche de sa jeune compagne ; et le dernier, détermine l'ouverture de la robe du vieillard au col, la clavicule, le coude de celui-ci , la main de la femme, et deux fois la courbure du pied de leur guéridon.

J'invite les artistes à faire une opération analogue, sur le petit cercle qui embrasse les figures ; savoir, en portant le compas aux points où les pieds et les têtes touchent le cercle intérieur : ils verront que son rayon directeur, mesure exactement la distance des têtes ; que son parcours, en *suivant ces trois points de départ*, arrête une foule de points principaux , du meuble et des figures ; et en suivant, à partir de chacun d'eux, en suivant *de six en six*, comme d'habitude, *la circonférence osculatrice*, ne laisse aucun point du tableau sans le déterminer précisément.

On sent assez qu'il eût été impossible de tracer ici ce nouveau réseau, l'œil s'y serait absolument perdu.

FIGURE VII.

Hercule et les oiseaux du lac Stymphale.

Rayon directeur : *distance des yeux des oiseaux volants.*

Je n'ai qu'une observation, et une remarque à faire ici :

1° Voyez seulement comme ce point de départ si arbitraire, vient retrouver l'ombilic du demi-dieu ! le reste est trop visible pour s'y arrêter.

2° Du Pied avancé de l'Hercule, *des yeux* et de la patte la plus basse du second volatile , tracez (toujours au même rayon ce sera en C que votre compas arrive), tracez un cercle : et voyez comme il se relie à l'autre réseau ; par l'œil de l'oiseau mort, l'autre patte du second qui vole, l'arc, le coude, le pubis et le genou du héros !

Je ne puis m'empêcher ici, de vous faire remarquer qu'en général : si le cercle directeur passe par l'œil, ou la bouche d'une figure ; le réseau qui en dérive, traversera infailliblement tous *les yeux* ou *toutes les bouches* (becs, gueules, museaux, grouins) *des autres figures du groupe* ; *des tableaux, des meubles, qui ornent la pièce* ; *des armes, ornements, attributs que portent les personnes.* Voyez ici les yeux des trois oiseaux et d'Hercule. Voyez, *fig.* 1, 5, 4 et 5, même planche IV, fig. 6, pl. X, fig. 1, 2, 5, pl. XI, etc.

PLANCHE XIV.

L'exactitude vraiment mathématique des artistes antiques, ne se dément pas ; et vainement les sujets examinés, sortent-ils de mille mains différentes ; vainement ont-ils vu le jour en vingt pays divers ; vainement ont-ils été réduits, grossis, copiés par cent dessinateurs inégalement habiles, sans doute : toujours soutiennent-ils la rigoureuse épreuve du Rapporteur et du compas.

FIGURE I.

Cette suite de danseuses a beau être longue, élégante, variée : le sévère et rigide *rayon directeur* A B, *de l'index* de la première danseuse, *au petit doigt de son autre main* , se retrouve net (au bout si expressément), allongé du doigt indicateur de la cinquième danseuse ; pour rencontrer une intersection d'arcs, à l'extrémité de la galerie ; dessinant en chemin des flots de draperies, des poses de pieds ; déterminant des mains enlacées, des flots de chevelure, des yeux, des oreilles, des nez, des ombilics cachés.

Ce n'est pas néanmoins, pour montrer cette incroyable exactitude, que j'ai choisi ce gracieux panneau ; la planche XI, doit, sous ce rapport, contenter, ce me semble, les hommes les plus difficiles , les plus exigeants : mais notre composition nous fait voir l'architecture intimément mélée à notre doctrine, et liée étroitement avec la statuaire et la plastique des anciens.

Voyez, en effet, comme dans le bas : l'épaisseur du parquet, les plinthes, les soubassements, les piédestaux des colonnes, sont arrêtés par le passage de ces cercles si prodigieux !

Montez plus haut, et regardez les bases des colonnes, avec leur détails divers, avec la cannelure de leurs fûts, leurs chapiteaux, et les moindres ornements de ceux-ci ; tout, jusques aux détails de l'entablement, y est fixé !

Remarquez-vous ce *rayon directeur*, porté de C en D, donner *l'entrecolonnement*? le voyez vous en C' D' (au bas de la première figure de danseuse) déterminer l'éloignement de son pied droit, de la fin de la gallerie ; et en C'' D'', celui de son doigt de l'extrémité opposée du plafond ? Nous reverrons cela bientôt. (Pl. XV.)

FIGURE II.

Guerrier nud, appuyant son épée sur un tronc de palmier.

Rayon directeur : *de l'ombilic, à la clavicule.*

A part l'aigrette du casque, atteinte par ce dernier cercle, qui laisse toujours place à quelque chose, au-dessus de la tête des personnages : comme nous l'avons vu dès le début, dans la Vénus de Médicis ; je ne ferai remarquer ici d'autre coïncidence des arcs avec le dessin , que dans la détermination si frappante des anneaux de métal, ornement du fourreau de ce glaive, à la tête de la poignée si bien indiquée par ces trois arcs de cercle; ainsi que des écailles de ce tronc élégant, et dont les séries régulières, sont également toutes marquées, par le passage des mêmes cercles, qui proportionnaient ce beau corps, si viril.

FIGURE III.

Ici ce guerrier armé, cuirassé, vêtu, un *amiral* peut-être, car il appuie le pied à une façon de gouvernail; offre avec les angles et les ornements de celui-ci, avec ceux de cette belle cuirasse, des liaisons qui ne sauraient échapper aux plus inattentifs. Ces brodequins, leurs boucles, leurs courroies; ces franges, ces *imbrices* en deux rangs, ces hanches de métal, cette baguette (l'astrolabe, peut-être), ces angles de l'encolure ferrée, sont d'une exactitude de rencontre, impossible à donner au hazard.

Le *cercle normal* part *du nombril, au menton;* son diamètre est précisément *le quart de toute la figure :* c'est, *la jambe au-dessous du genou ;* et peut-être, la longeur du profil oblique de ce gouvernail en miniature.

Je fais cette remarque ici, et je l'ai chiffrée à côté de la statue; parce que toutes les colonnes égyptiennes, sans aucune exception, donnent *quatre diamètres* de hauteur à leur fût; avec le soin, d'indiquer toujours ces divisions, par des dessins, ou du moins des bandelettes; et pour que l'on ne se trompe pas, sur la pensée représentative de leur vieil architecte : très-souvent, les bases en sont des pieds humains, et les chapitaux des têtes humains.

C'est une transition naturelle à la planche suivante (XV); mais épuisons celle-ci d'abord et voyons la

FIGURE IV.

Vase surmontant un piédestal.

J'ai pris pour rayon directeur : *l'écartement des deux yeux* les plus rapprochés des *mascheroni* de la panse du vase.

Il est absolument inutile, devant ces cercles et ces coïncidences, de dire autre chose au lecteur.

PLANCHE XV.

L'élégant bas-relief des danseuses de la planche précédente, nous menait tout naturellement au sujet de celle-ci; dont au reste, la suivante nous offrira une nouvelle application, une confirmation nouvelle; je veux dire *l'unité de mesure* et de système, pour l'architecture autant que pour la statuaire, chez les antiques.

Nous avons sous les yeux les trois ordres de l'architecture antique; exemples tirés d'un dessin précieux, que je dois à l'obligeance d'un général suisse, mais dont j'ignore l'auteur; chose d'ailleurs nullement importante ici, puisqu'il s'agit de modèles connus, et tout à fait classiques.

Toutefois je les ai fait graver de préférence à d'autres, parce que, je ne sais quel hazard voulut (si le hazard qui n'est rien, peut toutefois vouloir) que la grandeur du dessin fut précisément la même, que celle des statues mesurées par Audran, et que j'ai fait dessiner au-dessus du trait de ces belles colonnes, pour comparer du même coup d'œil, ces deux ordres de glyptique, crus tellement étrangers l'un à l'autre.

Je dois d'abord prier le lecteur de trouver bon, que je compte assez sur mes précédentes démonstrations, et sur les présentes évidences probables, pour m'attendre à ce qu'il ne refuse pas *d'aider* un peu, comme on dit, *à la lettre :* la grandeur relative de mes statues (copie d'Audran) n'étant pas absolument la même, que celle des colonnes de l'anonyme, auxquelles je les compare et superpose tout à la fois.

Cependant cette différence, qui n'est guère sensible qu'aux pieds des deux hommes, relativement à la base des colonnes dorique et ionique auxquelles je les rapporte, est peut-être trop faible pour pouvoir amener, sur cette échelle, quelque erreur plus grande que ne peut le faire l'épaisseur du trait le plus exact, et l'infidélité inévitable dans la plus exacte copie.

Après cette petite apologie, je n'ai guère rien à dire à l'artiste, sinon, qu'il voit ici nos deux premières planches, appliquées avec variantes, aux colonnes, types des ordres antiques; et qu'il peut y remarquer que les angles et les cercles alors expliqués, s'appliquent merveilleusement bien ici, à toute la proportion, autant qu'à l'ornementation de ces beaux et riches stèles de l'antiquité.

J'aurais pu ajouter une démonstration analogue, relativement aux piédestaux; mais le papier s'y refusant, je me suis contenté d'en donner un apperçu, dans les cariatides, et le *genre persan* de la planche suivante.

Je me dois d'ailleurs borner, et assez étroitement, dans ce petit ouvrage, dont la plus grande difficulté fut le choix circonscrit et pourtant complet, varié, des exemples à produire en preuve de mes assertions. — Au surplus, je touche à l'architecture, je ne la traite pas.

Toutefois, en faveur des amateurs de ce bel art, autant que dans l'intérêt de mon propre travail, je joindrai ici le tableau minutieusement détaillé, des proportions et grandeurs des *trente-six* espèces de colonnes antiques connues, et que je dois à l'obligeance du R. P. Geoffroi, ci-devant recteur du collége de Chambéry, qui le tenait du laborieux et érudit M. Pillet. C'est, je crois, un extrait de ce bel ouvrage de l'architecte Durand (*Architecture comparée.*).

Les amateurs de l'antique, lesquels voudront prendre la peine de profiler tous ces exemples, si consciencieusement chiffrés, trouveront comme moi, que, TOUTES LES COLONNES ANTIQUES , AVEC LEURS DÉPENDANCES , SUIVENT LE SYSTÈME DES CERCLES DIRECTEURS DES STATUES, ET NE CROISSENT, ABSOLUMENT, QUE DE CERCLE EN CERCLE; SANS AUCUN EXEMPLE DE MESURE INTERMÉDIAIRE.

Mais, d'abord, revenons à la présente planche XV. Les colonnes ramenées par l'artiste au même développement, se trouvent appuyer l'édifice superposé : la Dorique, sur *les épaules* d'Hercule : immédiatement; l'Ionique, *sur les épaules* de Vénus : le chapiteau interposé; la Corinthienne, sur la *tête* de la Paix Grecque; l'architrave seulement interposée.

Je ne m'appesantirai pas sur la signification de force, de lourdeur, de légéreté, d'élancement, que ces différences font sentir et expliquent, ce semble, si visiblement : je me permettrai seulement de penser : à une charge portée *à crud,* ou sur un coussinet, ou sur un appui intermédiaire plus ample, et plus *soulageant.* ....

Mais, je prierai l'antiquaire amateur, de remarquer l'étrange coïncidence des divers ornements des chapitaux, avec les traits principaux de la tête et des coiffures. Je l'engagerai à jetter un coup-d'œil comparatif sur ces moulures de la base, et les lignes ondulées des pieds gracieux de la Mère des grâces. J'insisterai un peu plus sur la *géométricité* parallèle, des autres coïncidences linéaires ; sans oublier toutefois cet *excédant* de la coiffure au-dessus de la taille de la personne, plusieurs fois déjà remarqué, et cette fois encore, très-remarquable ici, dans la Vénus Ionique. — J'ai dit.

TABLEAU DES PROPORTIONS DES TROIS ORDRES GRECS D'ARCHITECTURE,

D'après la mesure des Monuments les plus estimés, et les systèmes des divers auteurs.

Le tout réduit en parties décimales du diamètre de la colonne pris pour unité (avant son rétrécissement).

ORDRE DORIQUE [1].

		COLONNE compris la base et le chapiteau	ENTRE-COLONNEMENT	ARCHITRAVE compris le filet	FRISE	CORNICHE	TOTAL de l'entablement	PIÉDESTAL	RAPPORT de l'entablement avec la hauteur de la colonne	RAPPORT du piédestal avec la hauteur de la colonne	HAUTEUR absolue en mètres
ROME	Premier ordre du COLISÉE	9 533		0 70	0 75	0 833	2 283		0 239		10 52
	1er ordre du Théâtre de MARCELLUS	7 86		0 50	0 75	0 79	2 04		0 26		9 40
	Thermes de DIOCLÉTIEN	8 00		0 533	0 75	0 77	2 053		0 257		
	Fragment à ALBANO	7 50		0 5166	0 70	0 633	1 8496		0 246		
	Sépulcre antique près de Terracine	7 00					1 75		0 25		
ATHÈNES	Temple de THÉSÉE	5 85	1 55	0 80	0 75	0 45	2 00		0 342		7 68
	Temple de Minerve et d'AUGUSTE	6 375	1 15	0 708	0 5167	0 933	2 1577		0 338		10 38
	Temple de MINERVE	5 70	1 85	0 80	0 80	0 55	2 15		0 377		14 16
AUTEURS	VITRUVE	7		0 50	0 75	0 50	1 75		0 25		
	PALLADIO	8 65		0 50	0 75	0 667	1 916	2 333	0 25		
	Scamozzi	8 50		0 5833	0 75	0 783	2 116		0 2489		
	Serlio	7		0 50	0 75	0 6167	1 867		0 2667		
	VIGNOLE	8		0 50	0 75	0 75	2 00		0 25		
	Alberti	8		0 50	0 75	0 70	1 95		0 24375		
	Barbaro	8		0 50	0 75	0 6167	1 867		0 2334		
	Viola	8		0 50	0 75	0 557	1 917		0 2396		
	Bullant	7		0 50	0 75	0 50	1 75		0 25		
	Philibert Delorme	7 50		0 50	0 75	0 667	1 917		0 2556		
	CHAMBRAI	7 50		0 70	0 75	0 80	2 25		0 30		

[1] Le dorique grec, nommé vulgairement ordre de Paestum, a encore les colonnes plus courtes : elles n'y ont ordinairement de haut que 4 ou 5 diamètres, et d'ailleurs l'ordre dorique ancien n'a presque jamais de piédestal.

ORDRE IONIQUE.

		COLONNE compris la base et le chapiteau	ENTRE-COLONNEMENT	ARCHITRAVE compris le filet	FRISE	CORNICHE	TOTAL de l'entablement	PIÉDESTAL	RAPPORT de l'entablement avec la hauteur de la colonne	RAPPORT du piédestal avec la hauteur de la colonne	HAUTEUR absolue en mètres
ROME, ATHÈNES	Temple de la FORTUNE virile	9 00	2 125	0 60	0 55	0 7833	1 9333		0 215		10 42
	2e ordre du Théâtre de MARCELLUS	9 00		0 667	0 60	1 067	2 333		0 259		9 15
	Temple de la CONCORDE	9 55	1 80	0 50	0 5417	0 5583	1 60		0 168		13 1
	2e ordre du COLISÉE	8 82		0 667	0 767	0 833	2 267		0 257		11 97
	Ordre intérieur des PROPYLÉES	8 083	2 7083								9 35
	Temple de MINERVE POLIADE, dans la citadelle d'Athènes	8 1022	1 7167	0 80	0 783	0 3833	1 9663		0 242		7 82
	Autre ordre Ionique du même temps	8 45	2 833	0 867	0 833	0 467	2 167		0 256		8 11
AUTEURS	VITRUVE	8 50	1 00	0 50	0 617	0 59	1 707		0 2		
	PALLADIO	9 00		0 60	0 45	0 75	1 80	2 70	0 2	0 3	0
	Szamozzi	9 00		0 5833	0 467	0 70	1 75		0 194		
	Serlio	7 50		0 50	0 375	0 533	1 408		0 188		
	VIGNOLE	9 00		0 625	0 75	0 875	2 25		0 250		
	Alberti	9 00		0 50	0 50	0 667	1 567		0 185		
	Barbaro	9 00		0 50	0 375	0 55	1 425		0 58		
	Viola	9 00		0 60	0 45	0 75	1 80		0 20		
	Cataneo	9 00		0 50	0 375	0 50	1 375		0 153		
	Philibert DELORME	8 50		0 50	0 633	0 60	1 733		0 204		

ORDRE CORINTHIEN.

		COLONNE compris la base et le chapiteau	ENTRE-COLONNEMENT	ARCHITRAVE compris le filet	FRISE	CORNICHE	TOTAL de l'entablement	PIÉDESTAL	RAPPORT de l'entablement avec la hauteur de la colonne	RAPPORT du piédestal avec la hauteur de la colonne	HAUTEUR absolue en mètres
ROME	Le PANTHÉON	9 775	2 00	0 713	0 6583	0 90	2 2713		0 232		16 60
	Temple d'Antonin et Faustine	9 6083	1 50	0 722	0 6778	0 875	2 2748		0 236		17 44
	Les trois colonnes du CAMPO VACCINO	10 1139	1 583	0 725	0 722	1 157	2 604		0 258		18 50
	Temple de MARS, le vengeur		1 475	0 664							
	Basilique d'ANTONIN	10 1953	1 667	0 722	0 5417	*sans la corn. qui est détr.*	1 2667				16 64 *sans la corn.*
	Portique de SEPTIME SÉVÈRE	9 644	1 7067	0 742	0 5528	0 9083	2 2031		0 228		12 96
	Arc de TITUS	10 10		0 767	0 7416	1 0353	2 5439	4 25	0 252	0 421	10 92
	Arc de SEPTIME SÉVÈRE	10		0 75	0 425	1 143	2 318	4 536	0 232	0 454	14 82
	Arc de CONSTANTIN	9 85		0 819	0 607	0 9763	2 4625	4 45	0 25	0 452	12 86
	Frontispice de NÉRON	10	1 50	0 7417	0 733	0 9833	2 458		0 246		24 35
	Thermes de DIOCLÉTIEN	10		0 667	0 6667	0 867	2 20		0 22		10 89
PALMYRE, BALBEK	Temple du SOLEIL	9	2 25	0 8167	0 60	0 833	2 25	3 00	0 25	0 333	18 97
	Intérieur de la Cour du temple	8 50	1 75	0 875	0 575	0 866	2 316	3 00	0 272	0 353	19 17 [a]
	Petit temple	10 75	0 90	0 375	0 4167	0 433	1 2247		0 114		21 20
	Autre petit temple	9 25	2 00	0 733	0 5833	0 7083	2 0246		0 219		11 37
	Carré de 4 colonnes	10 00	2 40	0 875	0 650	1 2167	2 7417	3 00	0 274	0 300	15 91 [a]
	Façade du Sépulcre	8 50	1 75	0 733	0 50	0 8083	2 0415		0 24		11 69 [a]
	Portique de l'enceinte du temple	9 75	2 00	0 667	0 50	1 00	2 267	*5 75	0 232	* 0 59	17 20 [a]
	Cour carrée du temple	9 00	2 625	0 425	0 2833	0 575	1 2833	1 75	0 142	0 194	11 53
	Ordre du temple du Soleil	9 50	1 45	0 5833	0 333	0 875	1 7913	2 50	0 188	0 263	17 92
AUTEURS	PALLADIO	9 50	2 00	0 637	0 475	0 788	1 90	2 375	0 20		
	Scamozzi	10		0 667	0 333	0 80	2 00		0 20		
	Serlio	9 00	1 50	0 50	0 6167	0 50	1 6167		0 1796		
	VIGNOLE	10	2 333	0 75	0 75	1 00	2 50		0 25		
	Alberti	9 50		0 50	0 50	0 50	1 50		0 158		
	Barbaro	9		0 50	0 375	0 50	1 425		0 158		
	Philibert DELORME	10	50	0 725	0 6833	0 9083	2 3167		0 232		

[a] Il y a eu sous ces colonnes un socle d'environ 0 60 de diamètre, qui, en prolongeant à l'œil la hauteur des colonnes, rend leur espacement apparemment plus serré.

PLANCHE XVI ET DERNIÈRE.

En étudiant les magnifiques collections d'antiques, que renferme le palais Pitti et la galerie de Florence, dont les riches desseins vinrent un peu tard en ma possession, je fus frappé pour la je ne sais quantième fois, de la même remarque consignée dans ce petit ouvrage : savoir, que, la statuaire moderne, tant parfaite fut-elle, dans quelques-uns de ses produits, ne pouvait cependant, en aucun cas, soutenir l'épreuve *des cercles* normaux, dans quelque système qu'on les prît, si fidèles cependant aux antiques parvenus jusqu'à nous. Soit, en effet, que j'eusse interrogé la si belle *Diane de Poitiers*, de Jean Goujon ; ou le célèbre *Moïse* de Michel-Ange ; ou les *Graces* de Canova ; soit que j'eusse porté mon téméraire compas sur des types *restaurés* : tels que la *Vénus de Londres*, ou *le Centaure dompté par Hercule*, *l'Uranie*, et quelques autres morceaux anciens, des musées que je viens de dire ; jamais je ne pus trouver dans les portions modernes, de ces chefs-d'œuvre, retrouvés *frustes* la plupart ; je ne pus jamais, dis-je, retrouver dans ces essais, tant faciles cependant, ce semble, à continuer : les rencontres heureuses des cercles générateurs, de leurs intersections avec les points principaux, et les développements de leur figure : car pour les *accessoires*, on le pense bien, les modernes n'y songèrent seulement pas.

Déjà (Planche IV, fig. 6) nous avons eu occasion de le dire, cette fois j'ai cru piquant d'élever notre théorie, au rang d'un vaste élément de critique esthétique. — Voici comment.

FIGURE I.

Mongez, l'auteur des explications de la belle publication de ces musées toscans, termine son court article sur cette agate-sardoine, par ces mots : « Il est difficile de dire quelque chose de raisonnable sur cette bizarrerie. Peut-être même la gravure n'est-elle pas antique, car » les anciens n'ont *presque jamais* (!) représenté des squelettes, ni des têtes décharnées ; ce n'était point sous des emblèmes hideux qu'ils » peignaient la mort elle-même ; ils la désignaient avec plus de goût, en sculptant le Génie de la vie, tenant son flambeau renversé. » — Je ne ferai pas ressortir la contradiction de ces paroles ; ni la fausse raison, qui voudrait que le Génie *de la mort* (c'est une dénomination fabrique d'antiquaire moderne, ou celui de l'*éternel repos*) fût *la Mort*; car ce qui ne se fait *presque* jamais, se doit cependant être fait *quelquefois ;* et tant d'autres, que nous connaissons par les auteurs anciens, sont cependant perdus aujourd'hui ; tant d'autres dont ils ne nous apprennent rien, ont cependant été retrouvés !

Mais je dirai : *un rayon aussi arbitraire, que cette petite flute, rendant aussi miraculeusement tout ce dessin, certes bien remarquable de correction ; et le squelette,* de mauvais goût, peut-être, pour le conventionnel [1] Mongez, *s'y renfermant avec un bonheur irréprochable ;* tout me semble déposer, que notre original est réellement un antique, l'un des *presque jamais* du révolutionnaire devenu courtisan.

FIGURES II, III ET IV.

Je l'avais promis : voilà des liaisons architectonico-humaines, et fantastico-réelles, certes des plus frappantes ! Cette *gaine*, cette cariatide *anguipède*, ce faune emmailloté si élégamment ; ces piédestaux avec un chapiteau en ébauche ; ces chapitaux, ces entablements d'ordres divers, mais sans piédestal ; ces âges, ces sexes si différents ; tout, jusqu'à l'*entrecolonnement*, visible par cette portion de bras que j'ai laissé subsister, sur l'épaule droite du n° 4 ; tout, dis-je, démontre l'intime connexion, l'unité réelle de mesures et proportions, dans l'architecture et la statuaire, en général, les beaux-arts, chez les anciens.

FIGURE V.

Nous consacrerons ces dernières figures à l'étude, légère à la vérité, mais enfin peut-être non stérile, des lignes *normales* et *directrices*, de l'art chez les anciens.

Dans le présent groupe, les lignes ponctuées que j'ai employées, rendent plus sensibles les *directions angulaires*, c'est-à-dire, offensives et heurtantes, des membres raides et tendus de ces mortels ennemis.

Tout *l'effort agressif* du guerrier agenouillé *se résume* visiblement *dans l'angle G A D :*

Tout son *effort de résistance*, de soutien : dans l'angle D C P'. Son corps, en effet, appuie sur le genou D, et le point d'appui de l'élan de sa main poignardant, de son bras repoussant le bouclier, porte sur la jambe et le pied P'.

Dans le guerrier debout encore : *l'effort agressif* est déterminé par l'angle A C P :

L'effort de résistance par P O D' = P R D. C'est en effet en C, où ces deux angles se rencontrent, qu'il frappe son coup mortel.

La ligne A G, où les angles de résistance se rencontrent, de part et d'autre, mesure donc dans son inclinaison, l'avantage du guerrier debout, sur celui qui déjà succombe.

Pareillement, le coup porté en dessous, par le second des combattants, frappe précisément aussi à *la rencontre des angles, où la pesanteur* de chacun se réunit, dans cette chute et lutte désespérées. L'un devant fléchir sur le genou gauche, vers D'; l'autre tomber, le bras armé, vers ce même point.

Ces lignes se rencontrent donc, dans leur maximum de force, de résistance, d'appui et d'opposition : leur enlacement est simple, visible et sans équivoque. Rien du reste, de courbe, ni d'ondulé ici ; chacun y pousse *sa pointe*, pour me servir de ce terme, qui pour être familier, n'en est pas moins remarquable ici, de justesse et de dérivation.

FIGURE VI.

Admirable jeune homme ! admirable pose, dans son expressive simplicité ! Comme ce cercle directeur (*la jambe*) rend bien raison, et de la noble flexion de ce buste, et du mélancolique enlacement de ces beaux bras ! de cette riche poitrine !

Maintenant, voyez comme toutes ces *directions normales*, du pied, de la taille, des seins, des aisselles, des coudes, de la tête, de ses ornements, de ces mains, de ce bras droit, s'inclinent vers un point unique et aérien ! Tout l'être de ce beau génie ne tend-il pas là ! ! ! Ses pensées, comme ses regards, ne vont-elles pas achever d'entraîner cette tête, ces corps, vers la terre : où gît, et pas bien loin , quelque objet enseveli, hélas ! des affections de cet *esprit de l'éternel repos* ?

FIGURE VIII.

J'oppose un ordre tout différent à celui-ci, et je saute, pour le moment, le groupe du Laocoon qui s'éloigne trop de l'une et de l'autre de ces belles statues.

---

[1] Je me sens malgré moi forcé des songer au : *O mors quam amara est memoria tua, homini pacem habenti, in possessionibus suis,* de l'Écriture Sainte.

Notre amazone, car c'en est une, on dépit des Grecs *ignorants et enfants*, comme le leur reprochait le compatriote *de notre belle guerrière, le Scythe Anacharsis* (1) : Notre amazone, dis-je, est toute gracieuse, et d'une singulière mollesse pour une cosaque.

Voyez en la raison, dans ces arcs, *se reprenant* si bien, si doucement, si longuement, allais-je dire, l'un l'autre ; *se liant avec tant de facilité!*.

La courbure du corps, des bras, et de la pose des jambes, est la même *directrice* ; les *centres de ces arcs* gracieux, sont tous *ces mêmes arcs* en A, E, F ; le centre B (derrière la tête) se trouve dans l'arc que vous meneriez de E, à l'épaule droite, jusqu'à l'index du bras levé : prenant votre centre, à l'intersection au-dessous du coude de ce bras. Tandis que le point C (repoussé dans le groupe du Laocoon, par l'étroitesse du papier) est placé sur l'arc qui, partant de F, irait rejoindre le pied droit de l'héroïne ; le centre étant pris à l'intersection du genou droit aussi.

Le centre B est dans le cercle qui part du talon gauche, comme centre. Comparez en passant, la mollesse inoffensive, voluptueuse, des angles *si ouverts*, de ces beaux membres ; avec ces angles *si aigus* des combattants de la Fig. 5. Cela n'est-il point parlant ?

FIGURE VII.

Le Laocoon ; dont Pline a dit : *Omnibus et picturæ et statuariæ artis præponendum.* Lib. XXXIV, 8.

Le bras élevé du pontife de Neptune, fut restauré en terre cuite, par Angelo Montorsoli. M. Visconti (Musée Pie-Clémentin, tome II, p. 274, à la note) dit : « C'est sans contredit une des meilleures restaurations que l'on voie adaptée à d'antiques sculptures. On peut croire cepen-
» dant que l'antique était un peu plus en arrière, dans l'articulation supérieure, ce qui augmentait. »(lisez *augmenterait*) « l'énergie de
» l'expression, et les oppositions dans le mouvement de la figure. »

Le savant et délicat critique, confirme ainsi le *dire* de mes cercles, qui dessinent fort exactement ce bras ; et, de l'intersection à l'aisselle correspondante, limitant exactement le poignet. Mais vu, comme ici, dans notre gravure, le mouvement *plus en arrière* du docte appréciateur, ne saurait être sensible. Venons maintenant à l'analyse.

Nous avons un *ordre de cercles*, et un autre *de droites fesant angle*.

Les premiers, comme on le voit de prime-abord, rendent parfaitement raison *des normales* des corps, et de leurs membres : leur rayon est : *la distance de l'ombilic, au menton* du père.

Je n'ai pas grand'chose à dire de plus, sur ces arcs ; si ce n'est, qu'ils rencontrent d'une manière remarquable, le sommet des angles que forment les *directrices* des membres ; lesquelles dans cet autre genre de combat, sont aussi des droites : comme toujours en pareil cas.

Pressons donc le pas, et venons à celles-ci.

Laocoon assis, a trois points d'appui ; l'autel, les deux pieds : c'est ce qu'indiquent les lignes réunies au-dessus de sa tête, et au creux de son estomac ; là précisément, d'où part l'effort divergent de ses bras, pour

Ille simul manibus TENDIT *divellere nodos*

comme dit Virgile.

La directrice du fils le plus jeune (à la droite du père) part du coude de l'enfant, et marche parallèle à celle de la jambe droite du vieillard : *c'est un même effort, dans le même sens,* pour se dégager l'un et l'autre, et de concert, de l'affreux reptile.

Celle au contraire du fils aîné (à votre droite) fait un angle aigu avec l'autre, et tend évidemment par là, à *s'éloigner d'eux*, en se dégageant lui-même.

Le groupe ainsi compris, *tend* (*tendit* du poète) à *faire* l'office *d'un coin introduit de force, dans un anneau, pour le faire s'ouvrir.*

Cette directrice divergeant avec celle des corps de ses proches, porte directement, comme on voit, sur le robuste point d'appui, déjà signalé : le pied gauche du Laocoon.

Remarquez avec quelle raison et quelle prévoyance, ces *directrices de résistance* tombent toutes, et se rejoignent, sur des points fixes des marches de l'autel, et de ses parois ; ainsi qu'aux pieds solides du robuste vieillard ! comme *leurs croisements* (leurs *axes*) se rencontrent juste, aux centres de mouvements de la figure : le coude droit, le creux de l'estomac, le poing gauche, les deux genoux et les mains des enfants, repoussant la mort sous les replis d'un dragon énorme.

Enfin, car il faudrait un livre pour mettre ce poëme en lignes et en cercles ; remarquez comme l'angle si ouvert, que forment les directrices du corps de l'enfant le plus jeune, contraste nettement avec l'angle aigu de celui de son frère ! Le premier en effet, s'abandonne et meurt, dans un mouvement de tendresse filiale : l'autre avec tout son sentiment encore, multiplie les mouvements (quatre angles différents) pour s'éloigner de cette scène funeste de désolation et de mort. Il lutte encore ; mais, je viens de l'indiquer : *plus d'unité* dans ses mouvements déjà convulsés par le poison, et de trop inconsolables souffrances.

Les principales *lignes de résistance* des figures, sont *perpendiculaires* aux plis des serpents ; c'est-à-dire, dans le maximum de leur puissance, hélas ! par trop inégale.

(1) *Ama-zen*, peuple de femmes, et non, à Μαστος. sans mamelle ; car aucune de ces Scythes belliqueuses, dont il nous reste d'assez nombreuses statues, n'est privée de l'une de ses mamelles ; bien au contraire. Mais les Grecs, sous le nom de *barbares*, repoussaient stupidement toute civilisation autre, et souvent meilleure, bien que plus rude, que la leur.

FIN.

Pl. I.
Fig. 1. 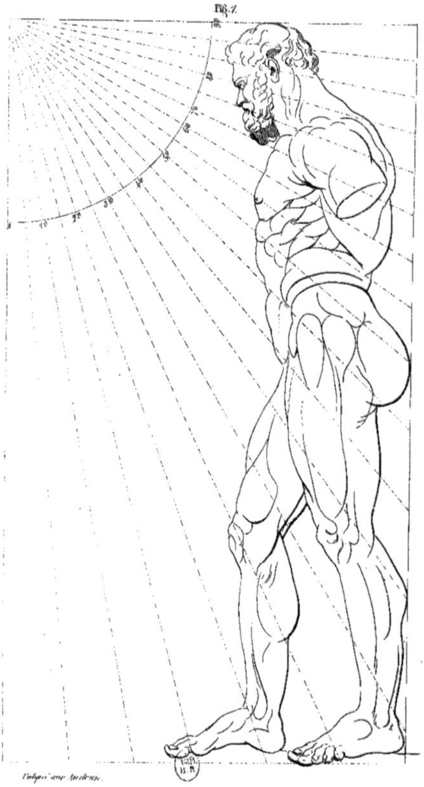
Fig. 2.

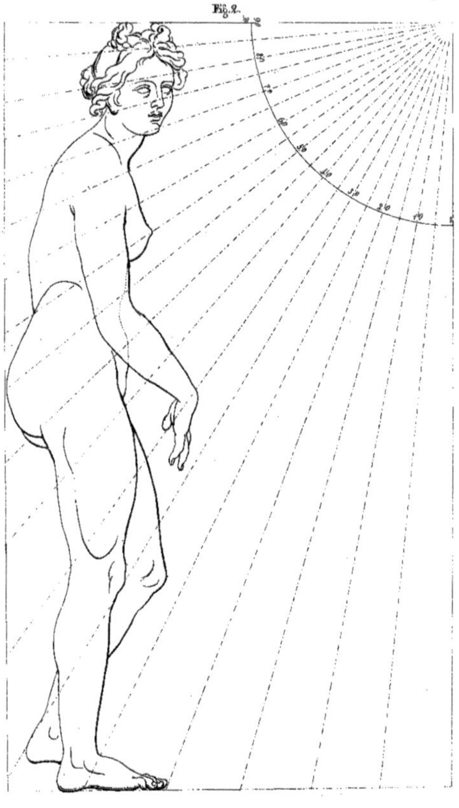

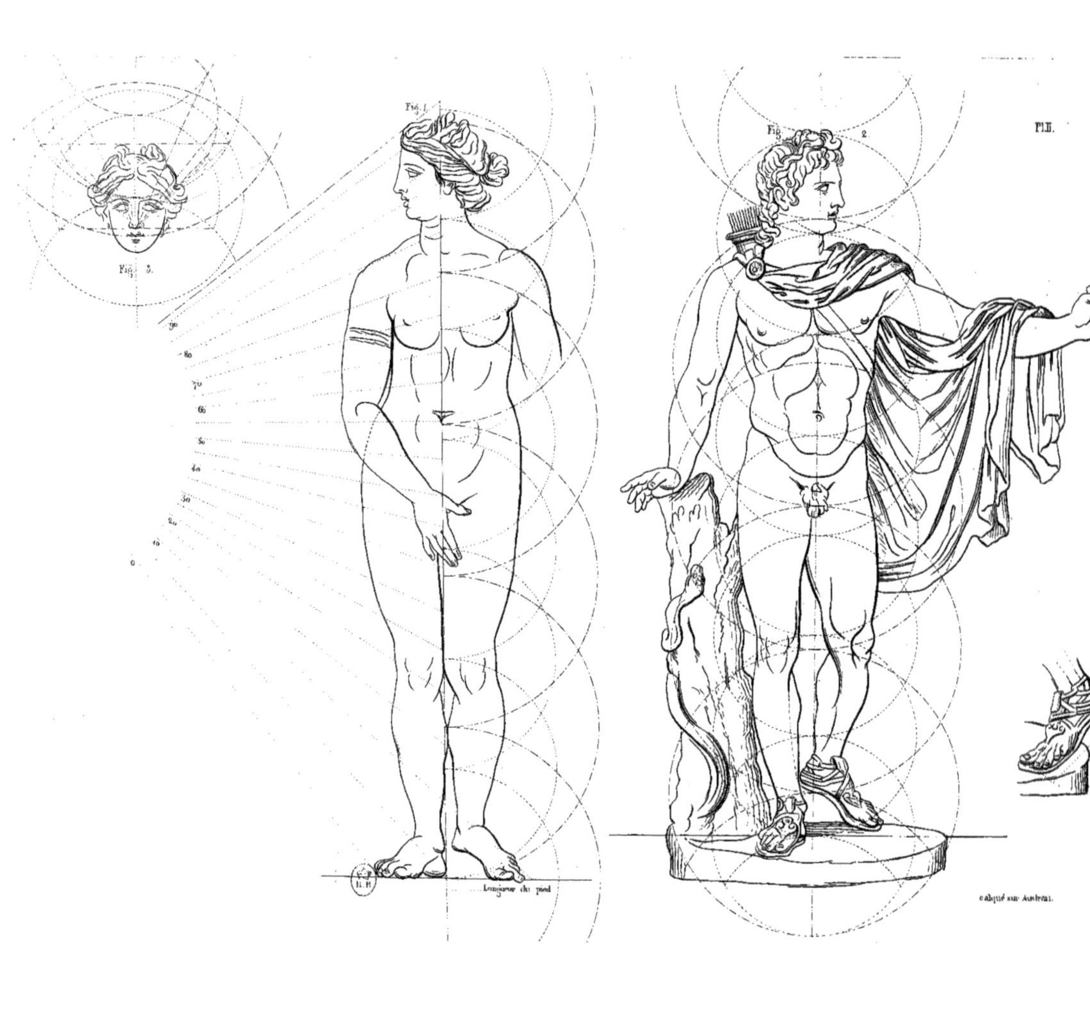

Fig. 3.
Fig. 1.
Fig. 2.
Pl. II.
Longueur du pied
calqué sur l'antérieur.

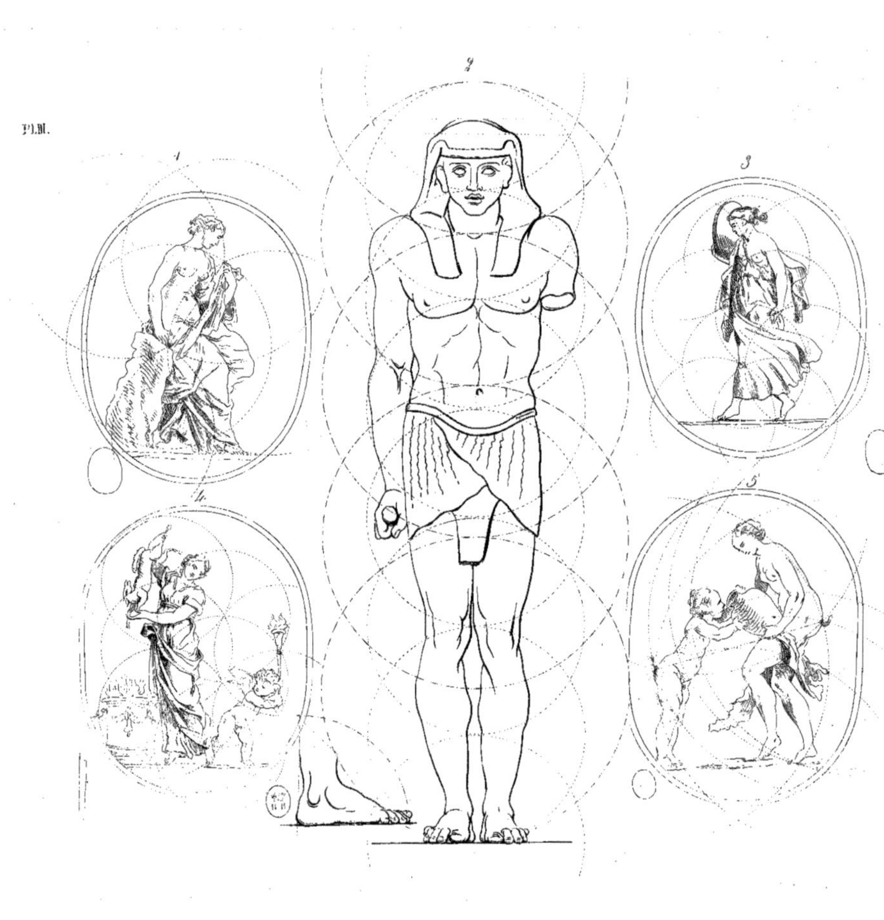

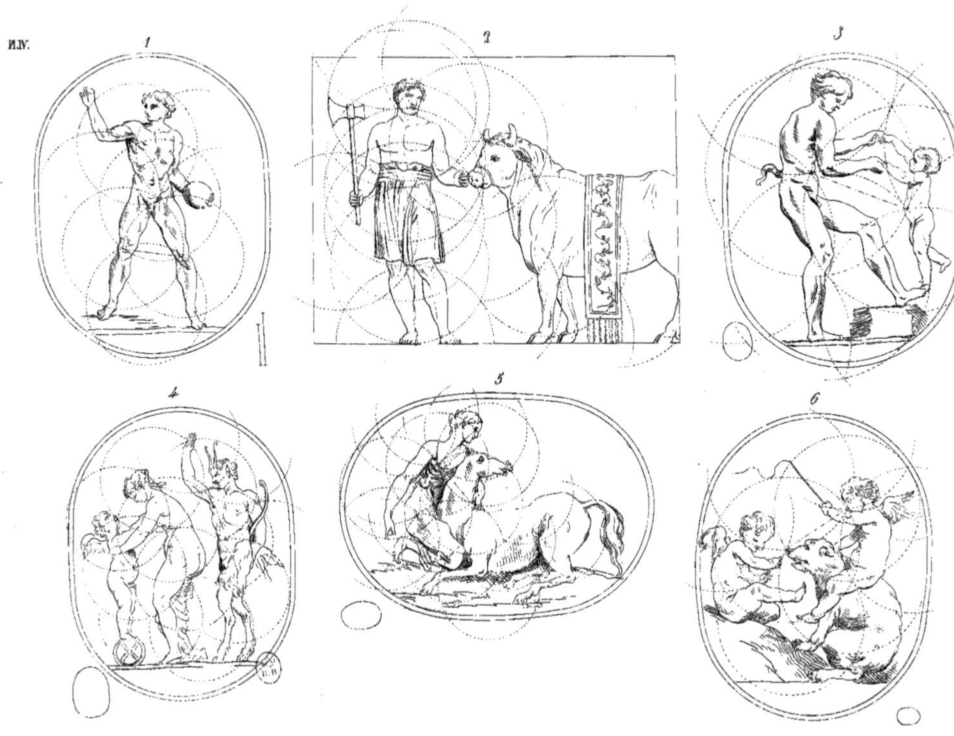

Pl. V.

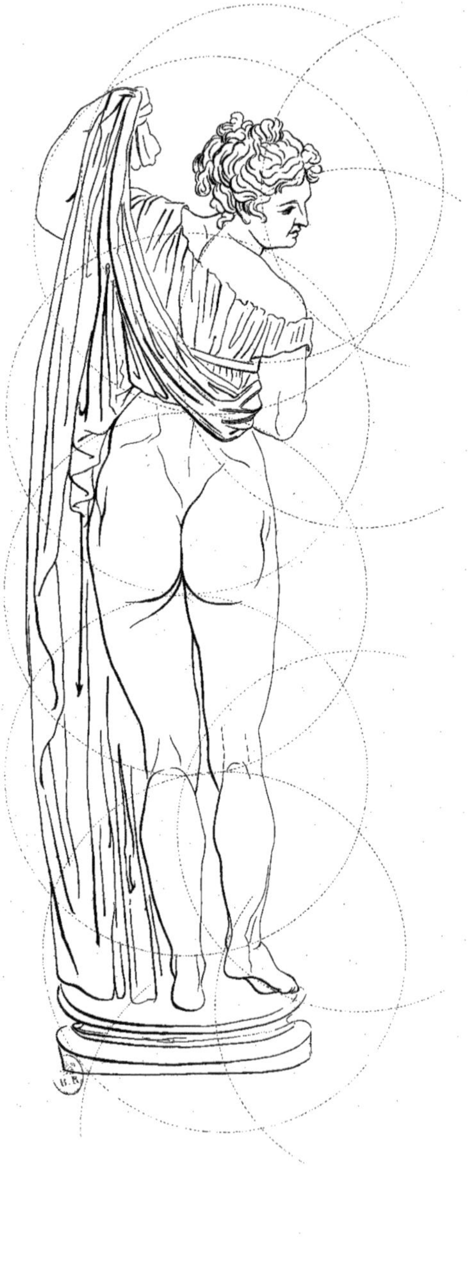

Pl.VI.

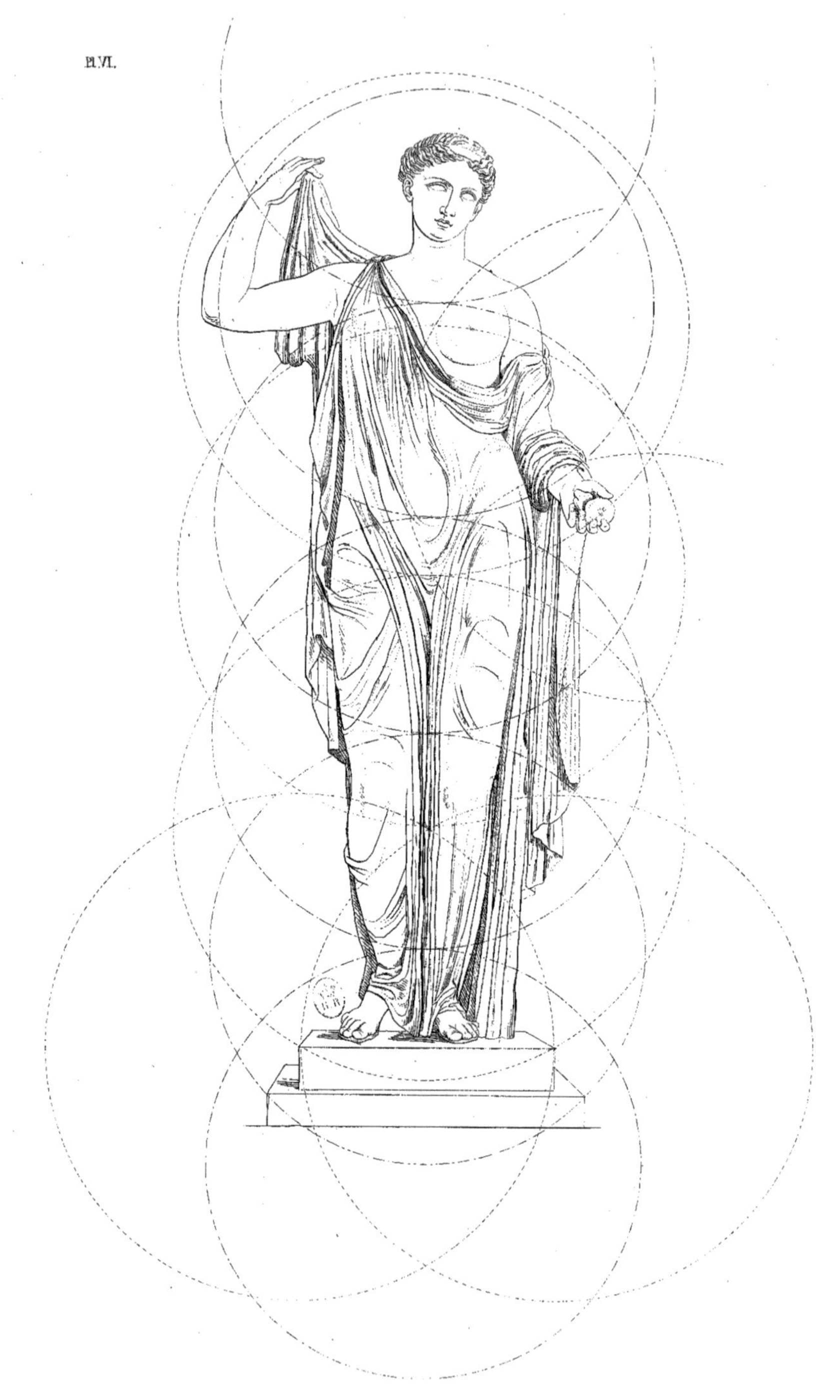

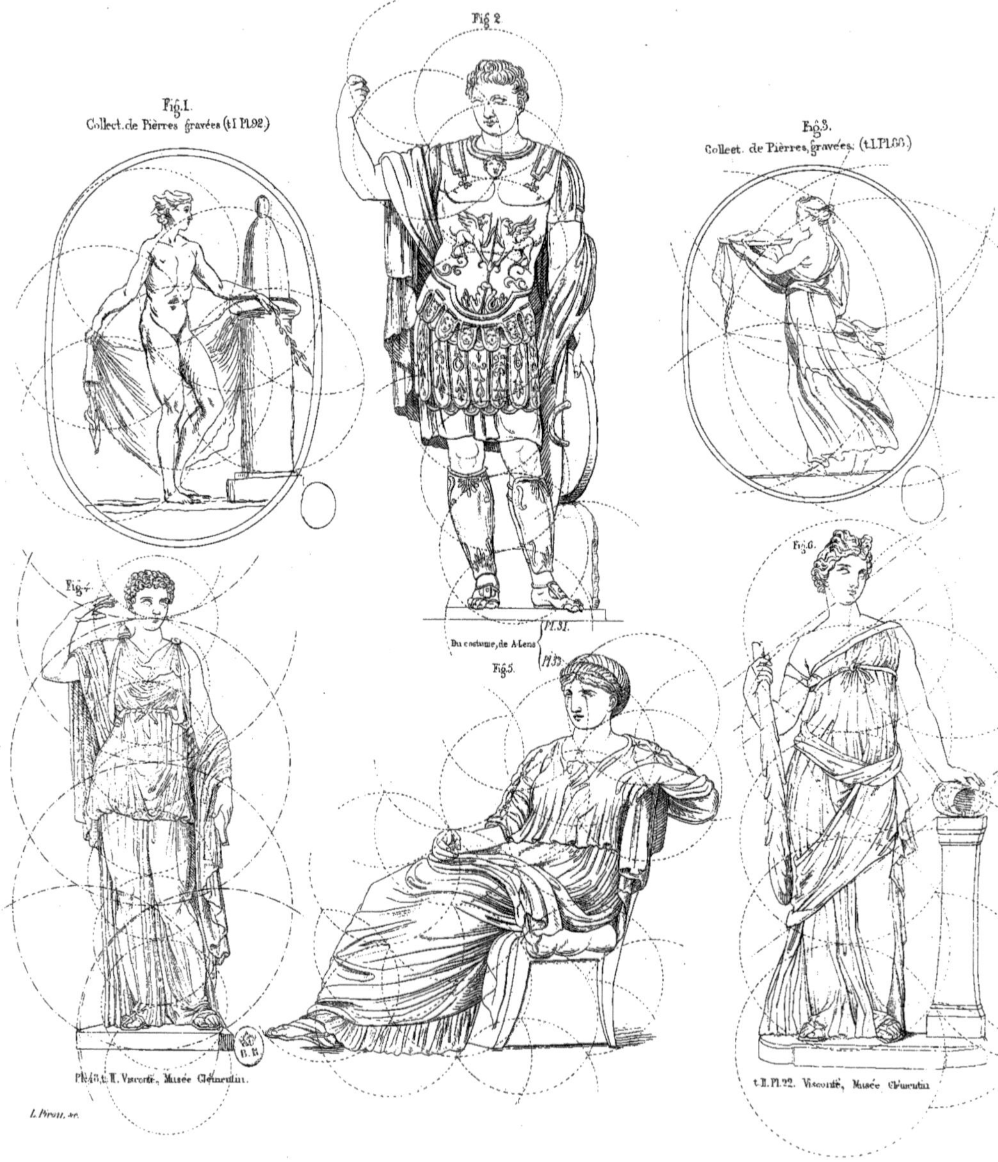

Fig.1.
Collect. de Pierres gravées (t.I Pl.92.)

Fig 2.

Fig.3.
Collect. de Pierres gravées. (t.I.Pl.93.)

Fig.4.

Fig.6.

Du costume, de A. Lens   Pl.31.

Fig.5.   Pl.33.

Pl.43. t.II. Visconti, Musée Clémentin.

t.II. Pl.22. Visconti, Musée Clémentin.

L. Pirou. sc.

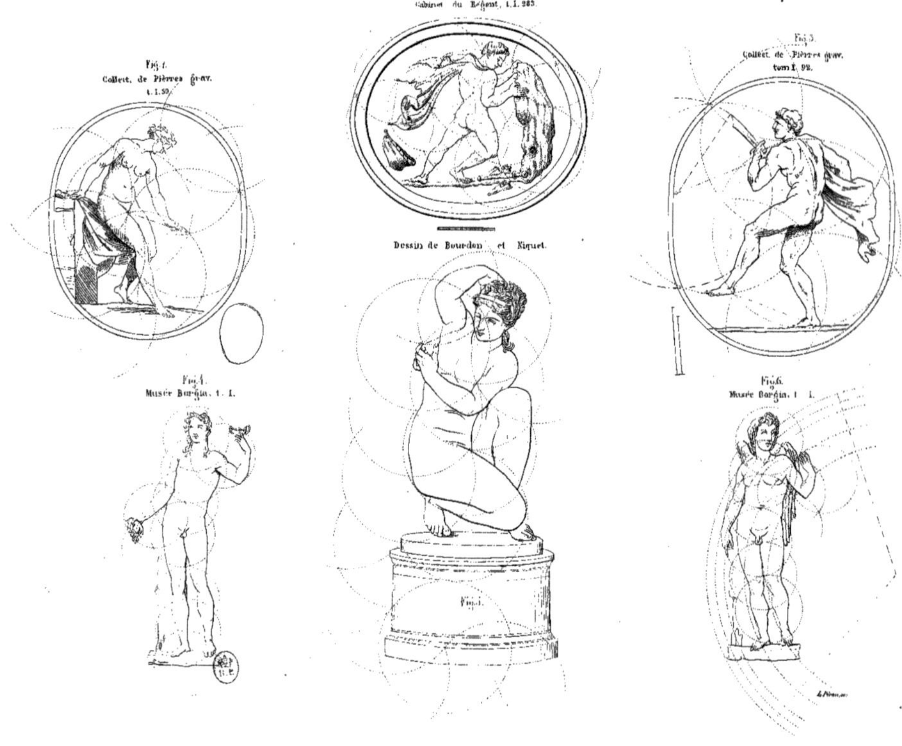
PL.XVIII.
Fig. 2.
Cabinet du Régent, t. I. 283.
Fig. 1.
Collect. de Pierres grav.
t. I. 50.
Fig. 3.
Collect. de Pierres grav.
tom I. 92.
Dessin de Bourdon et Niquet.
Fig. 4.
Musée Borgia, t. I.
Fig. 5.
Fig. 6.
Musée Borgia, t. I.

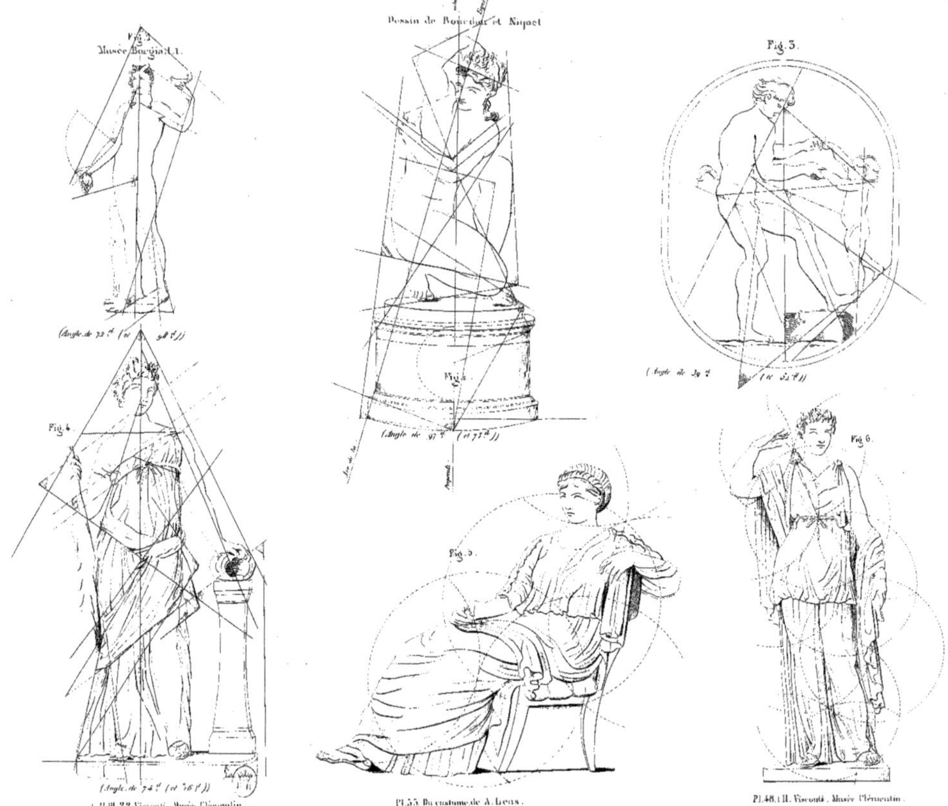
Fig. 1.
Musée Borgia. 1.
(Angle de 72.ᵈ (et 94.ᵗ))
Fig. 4.
(Angle de 74.ᵈ (et 76.ᵗ))
I. H. Pl. 22 Visconti. Musée Clémentin.
Dessin de Bouchor et Nipoet
Fig. 2.
(Angle de 97.ᵈ (et 71.ᵗ))
Fig. 5.
Pl. 55. Du costume de A. Lens.
Fig. 3.
(Angle de 38.ᵈ (et 32.ᵗ))
Fig. 6.
Pl. 48. I. H. Visconti. Musée Clémentin.

Vénus désarmant l'Amour
(Pierres gravées antiques tom. II. Pl. XX)

Calques

(Pierres gravées antiques tom. II. Pl. XXXVI)

Néréides

Vénus Marine.
(Pierres gravées antiques tom. I. Pl. I. XII.)

Hercule étouffant Anthée
(Pierres gravées antiques tom. I. Pl. XXXII)

Centaure et Cupidon.
(Perrier, Statues anciennes, Pl. VII)

Mercure Infernal.
(Pierres gravées antiques tom. 2. Pl. XCVI)

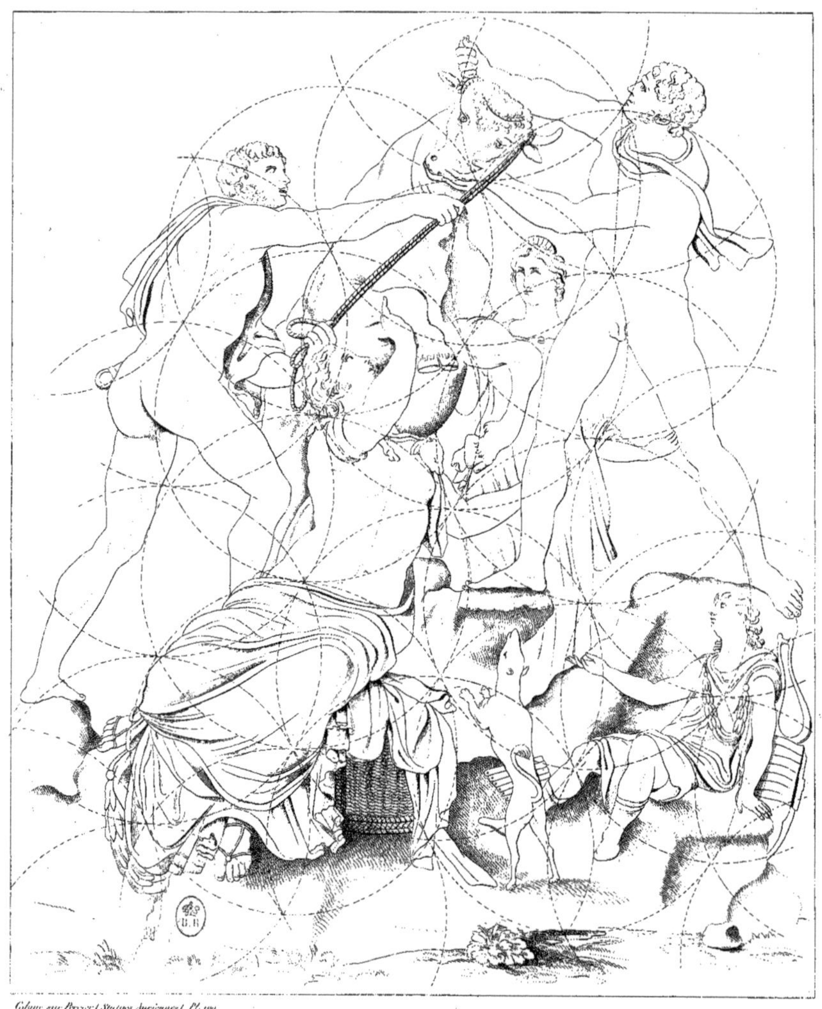
Æthus, Amphion et Dircé
Opus Egregium / Plin. Lib. 36, Cap. V.

Planche XII.

Planche XII.
Fig. I.
Fig. II.
Fig. III.
Fig. IV.
Fig. V.
Euterpe
(Musée Pio Clémentin, à Rome)
Visconti, Tome I. Pl. XVII.
Calypso sculpt.

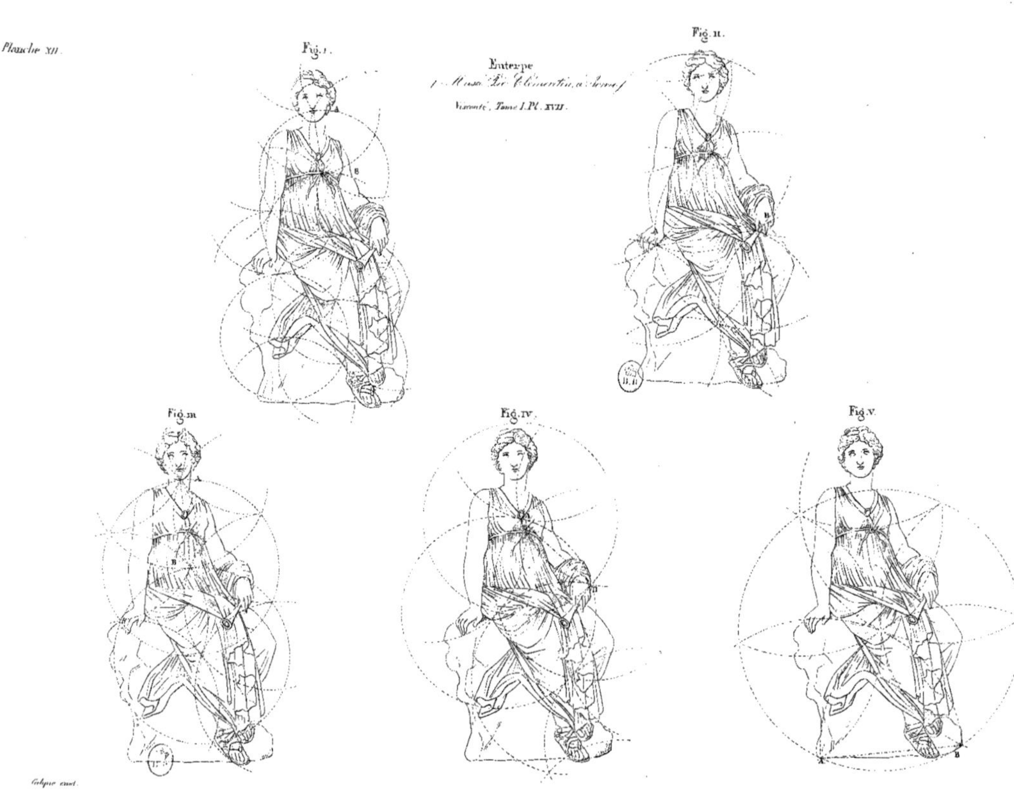

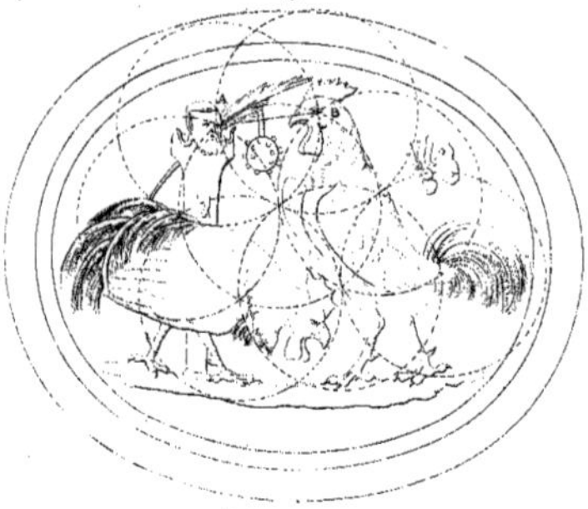

Combat de Coqs.
(Cabinet du Régent . Tom. I. Pl. 39.)

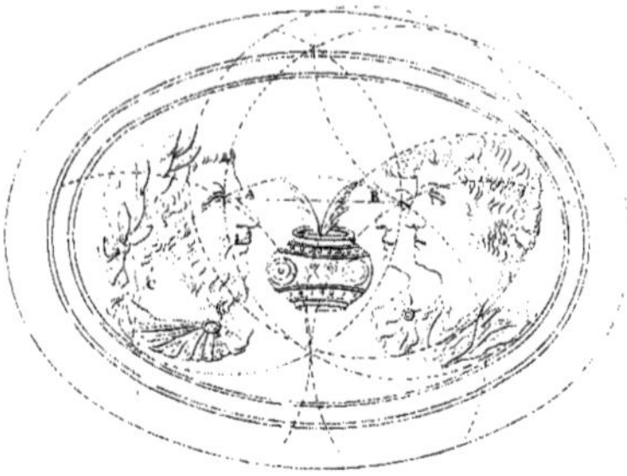

les deux Pertinax et Titiano.
(Cabinet du Régent . Tom II. P. I 25. Pl. 43.)

Bérénice.
(Musée Pio Clémentin . (Visconti . St. V. 14.)

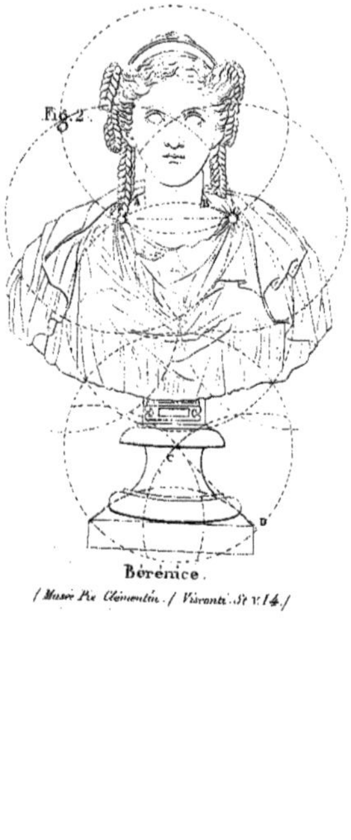

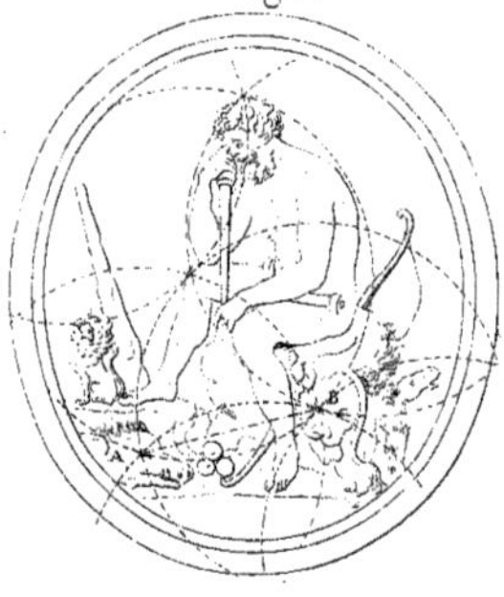

Le repos d'Hercule.
(Cabinet du Régent. Tom. I Pl. 274.)

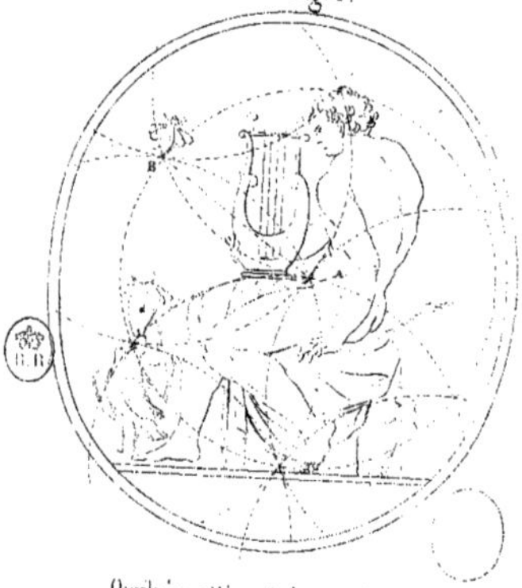

Orphée attirant les animaux.
(Pierres anciennes Tom. I. Pl. 65.)

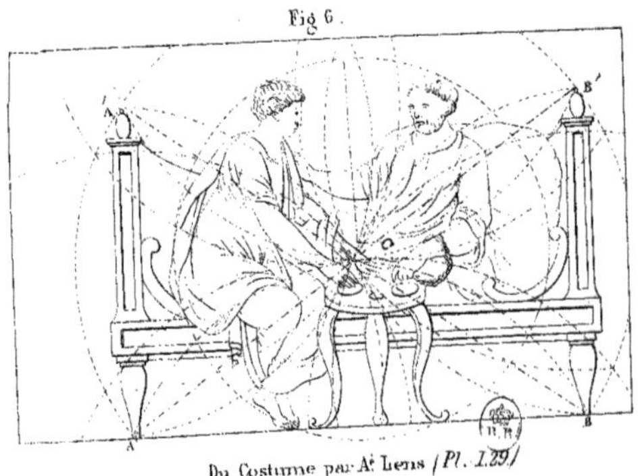

Du Costume par A! Lens (Pl. I. 29.)

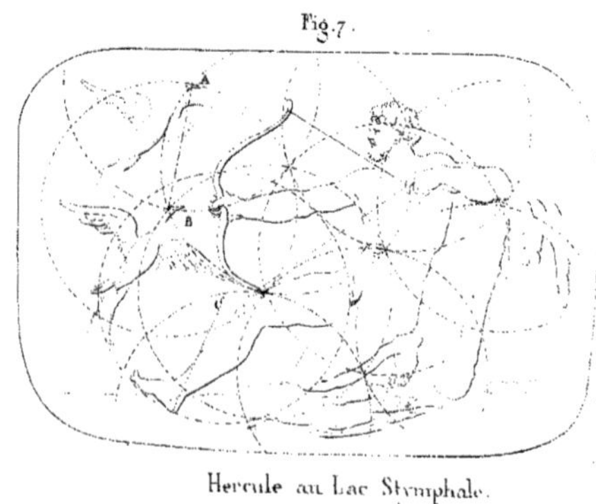

Hercule au Lac Stymphale.
(Pierres anciennes Tom. I. Pl. 34.)

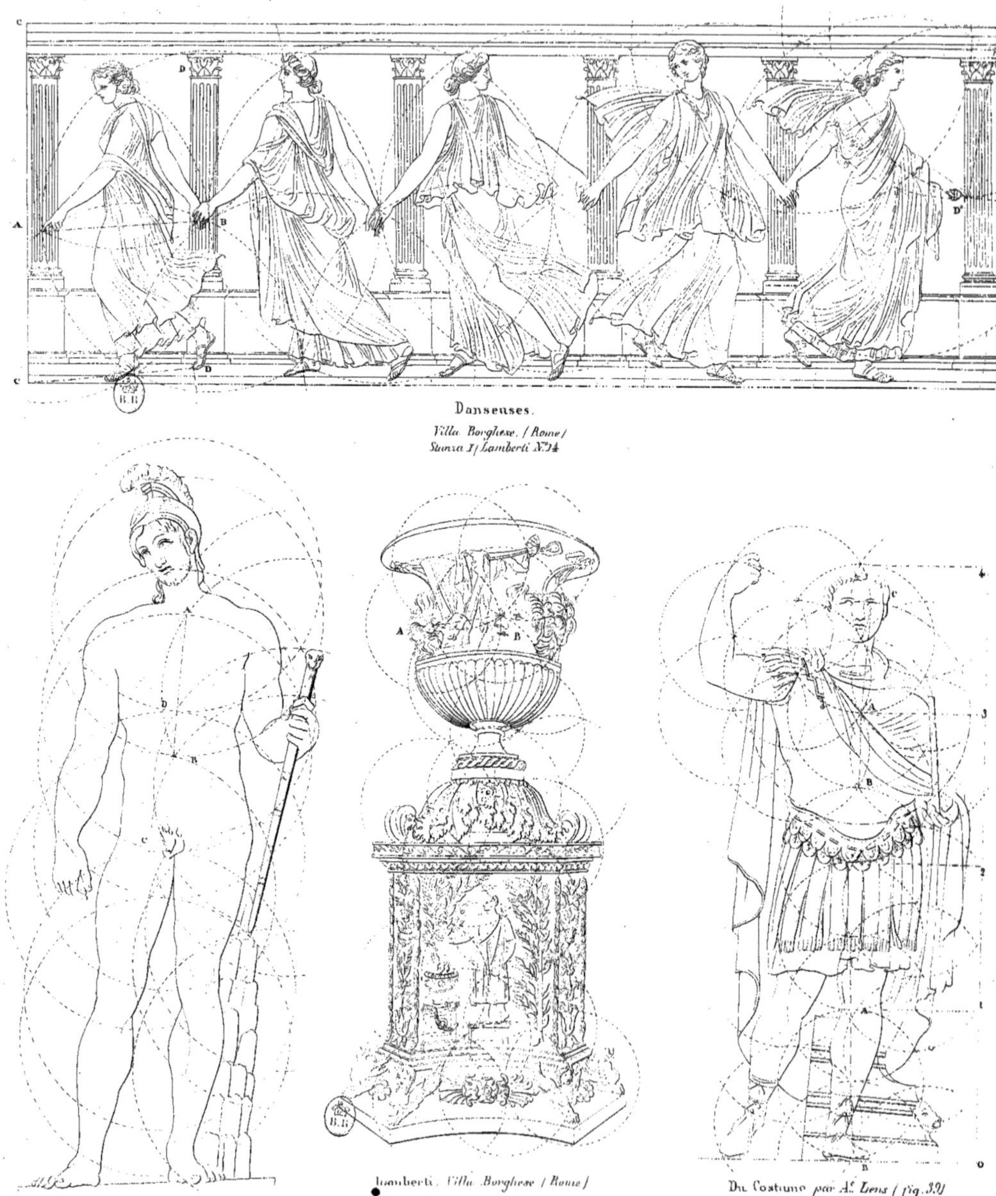

Danseuses.
Villa Borghese. (Rome)
Stanza I (Lamberti N.º 14

Perrier Statuæ antiquæ. (fig 39)

Lamberti, Villa Borghese (Rome)
Stanza III. N.º 13

Du Costume par A.º Lens (fig. 3.º)

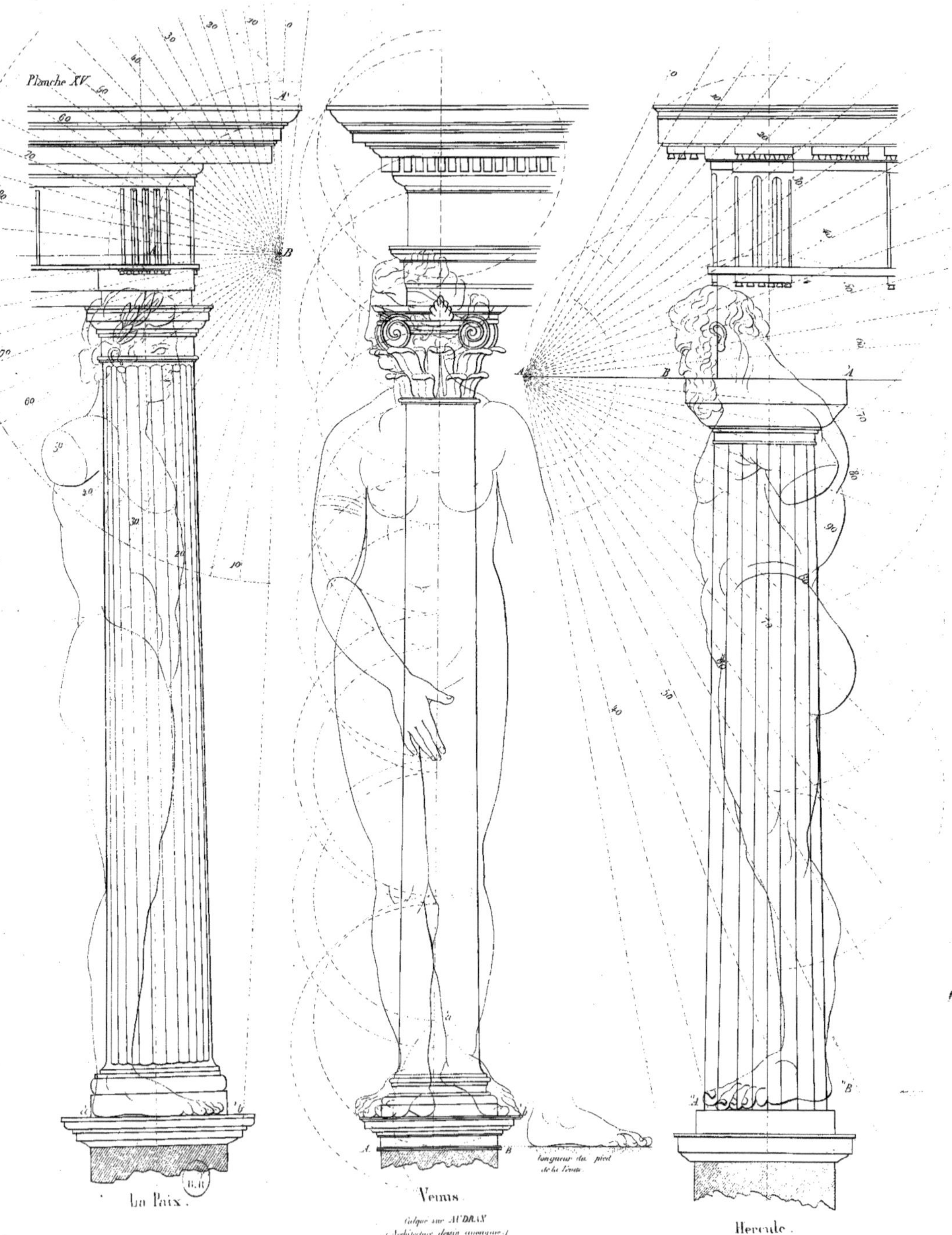

Planche XV
La Paix.
Venus
Calque sur AUDRAN
(Architecture dessin anonyme)
longueur du pied
de la Venus
Hercule.

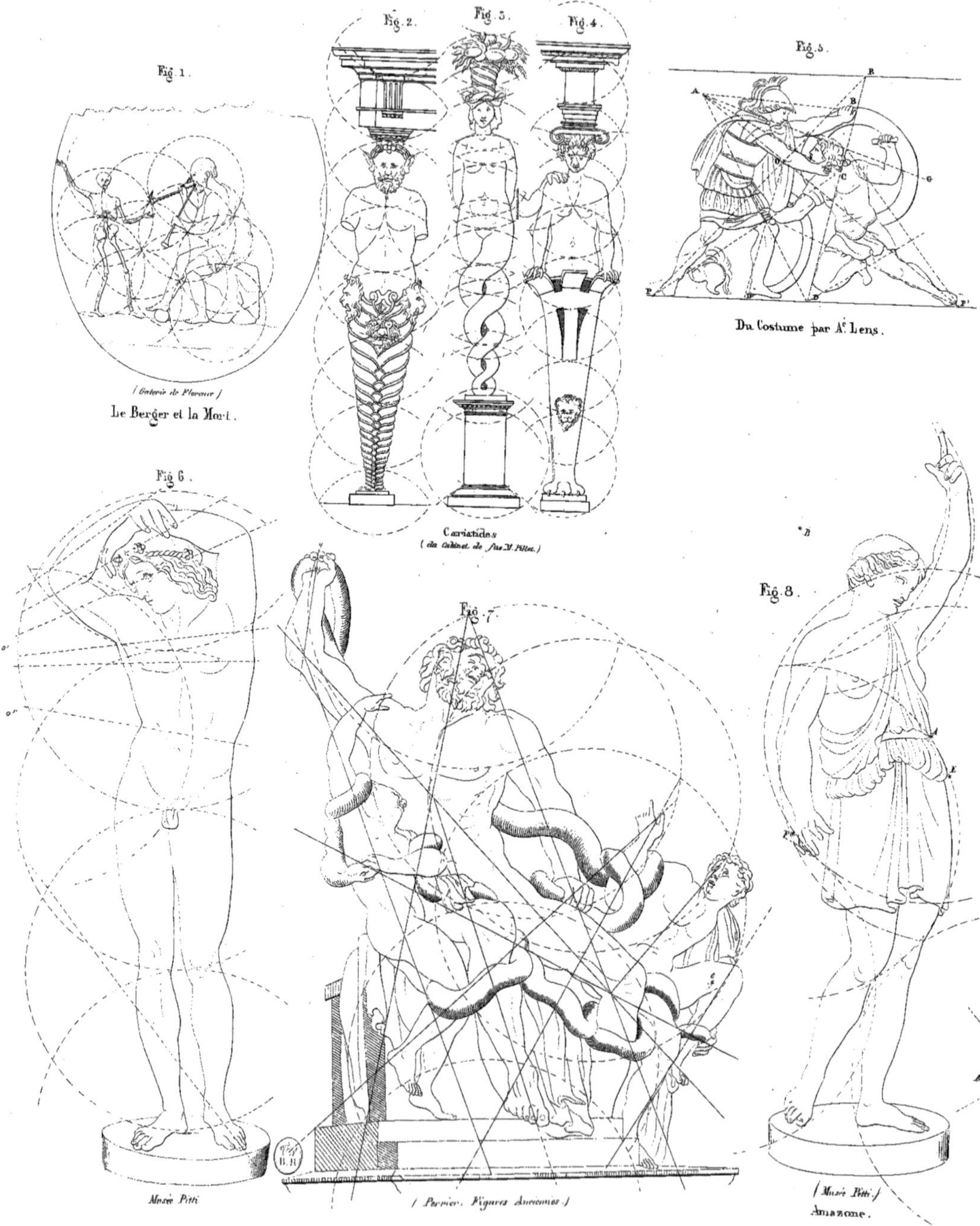
Planche XVI.
Fig. 1.
Fig. 2.
Fig. 3.
Fig. 4.
Fig. 5.
(Galerie de Florence)
Le Berger et la Mort.
Cariatides
(du Cabinet de feu M. Pillet)
Du Costume par A. Lens.
Fig. 6.
Fig. 7.
Fig. 8.
Musée Pitti
(Perrier, Figures Anciennes)
(Musée Pitti)
Amazone.